행정학총서

새 정부조직 설계

김동욱 저

法 文 社

머 리 말

1960년대 초부터 거의 40년 동안 유지된 정부 주도의 '박정희 행정체제'는 1990년대 이후 무한경쟁의 세계화 시대에서는 제대로 작동하지 못하면서 외환위기까지 자초했다. 김대중 정부와 노무현 정부는 세계화 시대에 부응하는 행정체제를 마련하지 못하고 문제가 생길 때마다 임시방편으로 대응하면서 전체적인 체계성을 잃어버리고 정부 조직과 인력이 늘어나 방만해졌다.

현재 2원·4실·18부·4처·18청·13위원회 등 59개 중앙행정기관 체제는 구심력을 갖기 어렵다. 각 기관은 쪼개진 작은 기능과 자원을 갖고 독립적으로 일하기 어려워서 다른 기관의 기능을 빼앗기 위한 경쟁을 하거나, 소관 기능과 관련된 범정부 평가 제도를 만들어 다른 기관의 업무에 간섭하는 행태를 보여왔다. 기관 간 갈등이 확대되면 조정한다는 핑계로 청와대·국무총리실·부총리 部·책임장관 部 등은 조직 규모를 늘렸다.

노무현 정부는 방만한 정부 조직을 그대로 두고 범부처적 정책과제마다 코드 인사 중심으로 국정과제위원회를 설치해 정책을 결정하고 집행을 감독하는 형태를 취하면서 정부 조직의 고위직이 제 목소리를 내지 못하게 만들었다. 성공을 자신할 수 없는 결정에 대해 책임을 지지 않으려는 공무원은 청와대와 똑같이 자문 또는 심의위원회를 만들어 들러리 역할을 수행하게 했다.

이명박 대통령 당선인은 당선 확정일부터 흩어진 공직사회를 다잡는 역할을 해야 한다. 세계화에 대응하고 선진화를 이룩한다는 새 정부의 국정 기조에 부응하는 정부 조직 체계를 제시하고 새로운 틀에서 공무원이 책임감을 갖고 일하는 제도를 설계해야 한다.

우선, 정부 조직을 대폭적으로 통폐합할 필요가 있다. 점점 복잡해지는 환경에서 하나의 행정기관이 나눠진 작은 기능과 자원으로는 자기 책임 하에서 일하기 어렵다. 행정기관이 일할 수 있는 일정 수준의 기능·자원·조직을 부여하기 위해서는 중앙행정기관 수를 30~40% 줄여야 한다.

다음으로, 국정조정과 총괄·지원·통제 기능의 조직은 상대적으로 더 획기적으로 줄여야 한다. 대통령비서실·국무총리실·행정자치부·중앙인사위원회·기획예산처·국정홍보처 등의 조직을 우선적으로 줄이고 총괄·조정·통제 기능을 감독과 간섭에서 협력과 지원 위주로 전환해 중앙행정기관이 본업에 전념하게 만들어야 한다. 국정과제위원회와 기획단 등 대통령과 국무총리를 지원하는 기구는 폐지를 원칙으로 하고 전면적으로 존속 여부를 검토해야 한다.

마지막으로, 힘 있을 때 정부조직 개편작업을 하여야 한다. 역사적으로 집권 후반기에 시작한 개혁의 성공 사례는 찾기 어렵다. 새로운 국정 설계는 많은 저항을 야기하므로 국민의 변화 의지와 새 정부에 대한 지지가 최고조인 당선인 시절에 기본 설계를 마련하고 집권 초기에 정부 개혁 방안을 단행해야 한다. 정부조직 개편은 모든 공공부문 개혁의 출발점이 되어야 한다.

이 책은 이명박 정부가 출범 전 또는 출범 초기에 추진할 정부조직 개편에 대한 제언적 성격의 글이다. 2007년 9월 4일부터 12월 4일까지 5회에 걸쳐 진행된 행정개혁시민연합 주최 차기 정부 조직개편 토론회에서 발표된 '새 정부를 위한 정부조직 설계' 연속 논문을 바탕으로 첨삭을 하여 발간을 하게 되었다.

정부조직 설계에는 하나의 정답이 없고 어떤 대안도 장단점을 내포하고 있다. 또한 새로 설계된 조직이 제대로 작동되지 못할 우려도 크다. 조직재편에 따른 공무원들의 불안과 동요를 생각하면 조직개편 방안을 제시하는 것이 무척 조심스럽고, 책을 발간하는 것은 더욱 어려운 일이라는 것을 잘 알고 있다. 하지만 정부조직 개편 논의가 좀 더 공개적이고 논리체계를 가지고 진행될 필요가 있기 때문에 감히 발간을 결심하게 되었다.

이 책은 정부 기능을 최고의사결정, 총괄지원통제, 국가질서유지, 교육문화복지, 경제산업공간 등 5개 부문으로 나누어 분석하였다. 조직을 재설계함에 있어서, 현재 조직을 절약하고 일 잘하는 실용정부라는 이명박 정부의 정부조직 기조와 일본, 영국, 독일 등 선진국 정부조직을 참조하였다. 보론으로 정부조직 개편 주체와 관련된 대통령직인수위원회에 관한 제언(2007. 12. 9 작성)을 추가하였다.

재설계 대안을 다듬는 과정에서 최병선 원장님을 비롯한 서울대학교 행정대학원 동료 교수님들이 좋은 의견을 많이 주셨다. 특히 이달곤 교수님, 정광호 교수, 김준기 교수, 임도빈 교수께서는 기존 대안의 문제점을 지적하면서 새로운 시각과 대안을 제시해 주셨는데, 이에 대해 깊은 감사를 드린다. 평소 정부조직에 관한 외국사례와 이론적 쟁점에 대하여 토의해 준 수원대학교 김용훈 교수와 한경대학교 이원희 교수께도 감사드린다. 조직개편 토론회 준비·개최 과정에서뿐만 아니라 평소 행개련 활동 중에 늘 내게 정부개혁 전반에 대하여 많은 의견과 정보를 주신 행개련의 백완기 대표님, 서영복 사무처장님, 박수정 정책실장, 임은정 팀장께도 깊은 감사를 드린다. 늦은 밤까지 연구실에서 자료 정리와 편집 작업을 도운 석사과정 유성재 군과 박사과정 윤건 군에게도 고마운 마음을 전한다. 또한 출간의 계기를 마련해준 행정대학원 정책지식센터와 법문사 관계자에게도 감사드린다. 마지막으로 사랑하는 아내에게 고맙다는 말을 전하고 싶다.

2008년 2월
김 동 욱

차　례

요 약

1. 개혁의 비전과 전략

국정비전을 경제발전, 사회투자, 국제지역협력으로 설정하고 국정비전을 효과적으로 수행하기 위해 업무혁신, 지방이양, 규제완화, 민영화를 통해 중앙정부 조직을 유연하고 전략적인 조직으로 개편한다.

2014년 고령사회로의 진입 이전에 선진국으로 도약하기 위하여 사회투자를 확충하고 경제성장을 지속하며 국제협력 특히 동아시아 지역협력을 강화하여야 한다는 국가적 과제를 효과적으로 추진하기 위한 협력적 국정운영 체계로서의 정부를 설계하고자 한다. 중앙정부는 민간부문과 지방정부로의 권한 이양(규제완화, 민영화, 지방이양)을 강력히 추진하면서 사회투자, 선진경제, 국제협력 기능을 강화하는 방향으로 전반적인 조직과 인력을 재조정하여야 한다. 현재의 국내정책(domestic policy) 중심에서 국제정책(global policy) 중심으로 중앙정부의 역할을 전환하고 세계화 시대에 주요 협력 선진국가의 중앙정부 행정체계와 유사한 체제로 개편하면서 협력의 효율성을 높이고 조직의 안정성을 확보한다.

정부조직체계를 최고의사결정층, 총괄지원통제층, 국가질서유지층, 교육문화복지층, 경제산업공간층 등 5개로 나누고 최고의사결정층은 전략적 판단을 효율적으로 할 수 있게 하고, 총괄지원통제기능은 대폭적으로 축소하며, 국가질서유지와 교육문화복지기능은 지방정부와 함께 수행하고, 경제산업공간기능은 규제완화와 민영화를 통해 재편한다.

2. 현행 정부 조직

[그림 0-1]에서와 같이 2007년 11월 30일 현재 정부조직은 독립기관(또는 무소속기관), 대통령 소속기관, 국무총리 소속기관, 행정각부, 외청으로 나누어 볼 수 있다. 방송위원회, 국가인권위원회 등은 독립기관으로 분류되고, 감사원, 국가정보원, 중앙인사위원회, 중소기업특별위원회, 국민고충처리위원회, 국가청렴위원회, 대통령비서실, 경호실 등이 대통령 소속기관으로 분류되며, 기획예산처, 법제처, 국가보훈처, 국정홍보처, 공정거래위원회, 금융감독위원회, 국가비상기획위원회, 국가청소년위원회, 국무총리비서실, 국무조정실 등은 국무총리 소속기관으로 분류된다. 재정경제부 등 18부, 국세청 등 18청이 중앙행정기관으로 설치되어 있다.

감사원장과 국가정보원장은 부총리 상위의 예우를 받고 있으며 재정경제부, 교육인적자원부, 과학기술부 장관은 부총리를 겸하고 있다. 위원장과 처장은 대부분 상근직 장관급이지만 국정홍보처, 국가비상기획위원회, 국가청소년위원회의 장은 상근직 차관급이고 중소기업특별위원회의 장은 비상근 장관급이다. 18부

[그림 0-1] 현 정부조직도

2원 · 4실 · 18부 · 4처 · 18청 · 13위원회
(2007.11.30 기준)

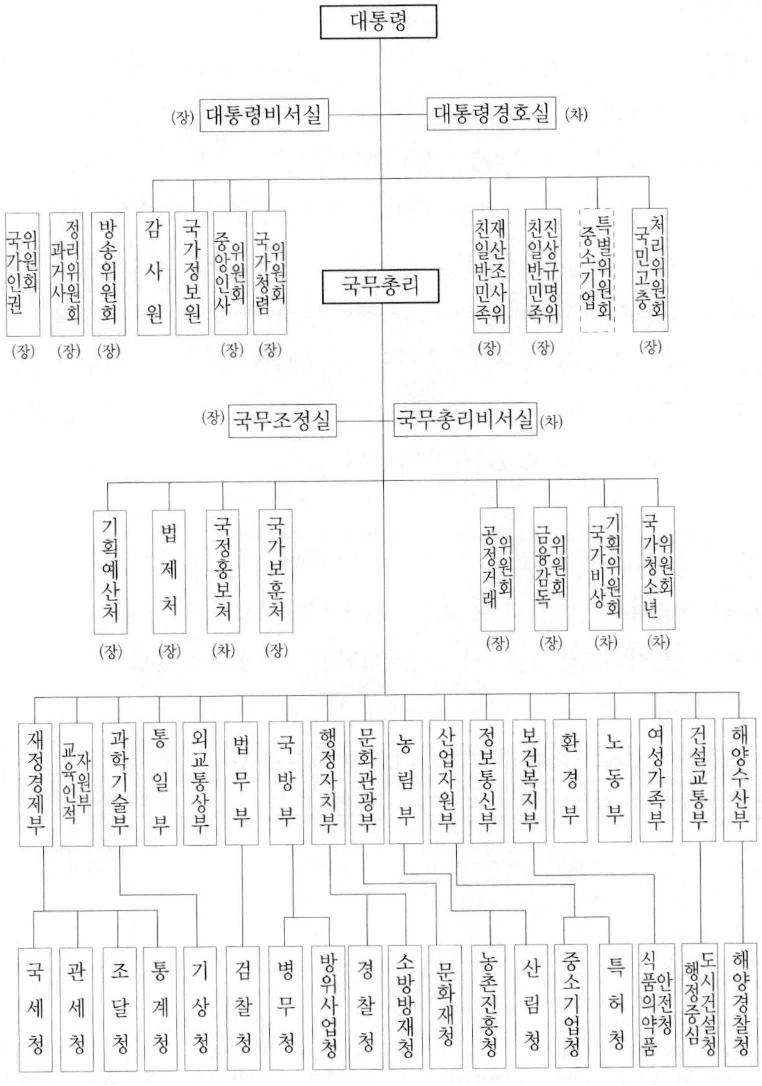

와 기획예산처의 장은 국무위원 장관으로 보임되며, 외청의 장은 차관급(단, 검찰총장은 장관급 예우)이다.

김대중, 노무현 정부 재임 동안 위원회 조직이 확대된 경향이 있다. 방송위원회, 국가인권위원회, 국가청렴위원회, 중소기업특별위원회, 중앙인사위원회 등이 신설되었고 청소년위원회, 국민고충처리위원회 등은 격상되었다. 위원회의 독립성이 강조된 결과로 보이나 실제 의사결정과 집행의 실효성을 확보하는데 그리 성공적이라고 보기 어렵다. 노무현 정부 출범 이후 법제처와 국가보훈처가 장관급으로 격상되었고, 방위사업청, 소방방재청, 행정중심복합도시건설청 등이 신설되고 통계청, 기상청, 문화재청이 1급에서 차관급으로 격상되었다.

2원 · 4실 · 18부 · 4처 · 18청 · 13위원회[1]의 중앙행정기관과 함께 대통령과 국무총리 소속의 각종의 국정과제(자문)위원회들도 자신들 영역의 정책과 사업을 개발하고 확대하면서 기관 간 상호 경쟁이 심화되고 있다. 이에 따라 기관 간 정책조정의 수요는 지속적으로 증대되면서 대통령비서실과 국무조정실 그리고 국정과제위원회의 조직과 인력은 확대되고 있다.

---

1) 독립기관인 방송위원회와 국가인권위원회, 한시적 조직인 진실화해를위한과거사정리위원회, 친일반민족행위진상규명위원회, 친일반민족행위자재산조사위원회를 포함하였다.

3. 조직 개편 방안

새 정부에서는 권력구조 개편을 포함한 헌법 개정을 추진할 가능성이 매우 높으나 이 글에서는 현행 헌법 하에서의 정부조직 개편 방안을 모색한다.

1) 선진국의 정부조직

미국은 대통령과 부통령을 직접적으로 보좌하는 백악관이 있고 대통령실(Executive Office of the President)에는 관리예산실, 마약통제실, 과학기술정책실, 무역대표부, 경제자문위원회, 국가안보위원회 등이 포함된다. 행정각부로 농무부, 상무부, 국방부, 교육부, 에너지부, 보건복지부, 국토안보부, 주택도시개발부, 법무부, 노동부, 국무부, 내무부, 재무부, 교통부, 재향군인부 등 15부가 있고, 행정각부와 독립된 중앙정보부(CIA), 환경보호청(EPA), 행정서비스청(GSA), 연방통신위원회(FCC), 연방거래위원회(FTC), 증권거래위원회(SEC), 실적제보호위원회(MSPB), 인사정책실(OPM), 우주항공청(NASA), 우체청(USPS) 등 다양한 기구가 존재한다.

영국은 내각실(Cabinet Office)과 별도로 작은 총리실(Prime Minister's Office)을 두고 있다. 내각실(Cabinet Office)에는 내각관방 장관을 두고 있으며 총리와 내각회의를 지원하며 기관간 조정, 의회 관계, 특별 국정과제(현재 런던 올림픽 준비) 등의 기능을 수행한다. 내각 행정기관으로 법무부, 문화매체체육부,

국토안전부, 보건부, 외무영연방부, 교통부, 아동학교가족부, 혁신대학훈련부, 기업규제개혁부, 환경식품농촌부, 재무부, 노동연금부, 국제개발부, 국방부, 지역지방자치부, 북아일랜드부, 웨일즈부, 스코틀랜드부 등 18개 部를 두고 있으며, 그 외 추밀원이 있다.

독일은 내각실보다 강한 총리실(Chancellery)을 두고 있으며 노동사회부, 외교부, 내무부, 법무부, 재무부, 경제기술부, 식품농업소비자보호부, 국방부, 가족노인여성청소년부, 보건부, 교통건축도시부, 환경자연보존원자력안전부, 교육연구부, 경제협력개발부 등 14部가 있다.

프랑스는 대통령실과 총리실을 별도로 두고 있으며 내각 기관은 생태지속가능계획발전부, 내무지방정부관계부, 외교유럽부, 경제재정고용부, 출입국이주국가정체성부, 공증법무부, 농수산부, 노동노사관계사회연대부, 국가교육부, 고등교육연구부, 국방부, 보건청소년체육부, 주택도시부, 문화통신부, 예산회계인사부 등 15部이다.

일본은 별도의 총리실을 두지 않고 내각부에서 총리를 보좌한다. 내각부에는 관방장관(Chief Cabinet Secretary) 외에 4명의 특명장관이 개별 성(省)에서 다루기 어려운 이슈에 대하여 총리를 보좌하는데 현재는 북방오키나와·과학기술·삶의질·규제개혁, 재정금융·행정개혁, 경제재무정책, 양성평등·사회복지 등을 분담하고 있다. 내각부 외 내각 행정기관으로 총무성, 법무성, 외무성, 재무성, 문부과학성, 후생노동성, 농림수산성, 경제산업성, 국토교통성, 환경성, 방위성, 국가공안위원회 등 12성이 있다. 금융정책과 감독기능을 담당하는 금융청은 내각부 소속이고 경찰청은 국가공안위원회 소속이다.

선진국 정부는 내각 행정기관을 13~19개 설치하고 있으며 내각 장관과 대통령 또는 국무총리는 내각회의, 관계장관회의 등을 통해 업무에 있어서 긴밀한 관계를 유지하고 있다. 국정을 총괄·지원하는 기능의 대통령실, 총리실, 내각부, 내각실, 총무성 등의 조직은 통합적으로 운영되고 있다. 大部主義에 따라 행정각부의 관할 기능을 넓게 설정되고 장관(Senior Minister) 하에 소장관(Junior Minister) 또는 대외용 장관이 존재한다. 한국의 경우 국무위원 장관 하에 대외용 장관 또는 복수 차관 제도를 운영하는데 이를 참조할 수 있다.

2) 대통령과 국무총리

대통령비서실은 전체적으로 조직과 인력을 줄이는데 장관급 비서실장-정책실장-안보실장 3두 체제를 비서실장 단두 체제로 개편하고 정책실의 통상적인 국정 모니터링과 조정 기능은 국무총리실로 이관한다. 국가안보와 정책기획 기능 중심으로 대통령비서실을 개편하고 민간전문가 집단의 대통령 자문기능을 활성화한다.

대통령비서실에 비서실장(국무위원) 하에 정무, 외교안보, 경제,

민정, 홍보(대변인), 총무, 인사 등 7인의 수석비서관(차관급)과 과학기술보좌관(차관급)을 두는 방안을 제시한다. 국가안전보장회의, 과학기술자문회의, 국민경제자문회의, 민주평화통일자문회의 등 헌법에 근거한 4개 자문기구 외에, 정부개혁위원회(기관운영 자율화, 지방분권, 규제완화, 민영화 등)와 FTA전략위원회 등 상시적 자문기구와 3~4개 임시적 국가전략과제(일자리 창출, 교육 자율화 등) 조정·자문기구를 설치하면서 각 회의체의 사무국을 대통령비서실 소속으로 둔다. 경호실은 현행 장관급을 차관급으로 조정한다.

국무총리의 국정업무 조정과 평가 기능은 강화하고 정무 및 공보 기능을 축소한다. 국무총리비서실과 국무조정실을 국무총리실로 통합하면서 조직과 인력을 줄이고 현행 국무총리비서실의 정무수석, 민정수석, 공보수석 비서관 기능은 대폭 축소하고 국무조정실 기능 중심으로 개편한다. 국무총리실장(장관급)은 차관회의를 주관하면서 기관 간 정책이견에 대하여 실질적인 조율을 하게 된다. 국무총리실장 하에 기획차장, 사회문화차장, 산업공간차장 등 3인의 차관급 차장을 두는데 기획차장은 국무총리 비서기능과 국무총리실 총괄지원 기능을 수행한다. 사회문화차장과 산업공간차장은 업무조정, 정책평가, 규제관리, 다부처 협력과제 추진 기능을 수행한다.

국무회의는 대통령비서실에서 주관하고 차관회의는 국무총리실에서 주관하는데, 대통령비서실과 국무총리실의 원활한 소통을 위해 대통령비서실장, 총무수석비서관, 국무총리실장, 기획차장이 참석하는 4인회의를 매일 개최한다. 부총리와 책임장관제도를 폐지하면서 국무총리, 대통령비서실장, 국무총리실장의 정책조정 역할을 강화하게 된다.

3) 총괄지원통제 기능

총괄지원통제 기능의 조직은 대폭 줄여서 영역별 정책을 담당하는 조직에 대한 관여 정도를 줄인다. 이미 행정정보시스템을 통해 업무 총괄기능을 상당 수준 구조화하였기 때문에 정부 스탭기능을 줄여도 크게 문제되지 않는다.

행정자치부는 중앙인사위원회, 법제처, 국정홍보처의 기능을 통합하며, 소속 외청으로 경찰청, 해양경찰청, 소방방재청, 통계청을 둔다. 행정자치부는 수석 部로서 제2차관(자치지원), 제3차관(법제)을 두며 인사, 직제, 법제 기능을 통해 정부부문 개혁을 효과적으로 추진할 수 있게 된다. 감사원은 일부 감사위원 선임에 있어 국회와 대법원의 추천을 부가하고 국민고충처리위원회는 국무총리 소속으로 변경하되 현행 기능과 조직을 유지한다.

4) 국가질서 유지 기능

국가정보원은 국가정보실로 개편되면서 대북 및 국제 첩보 기능에 집중한다. 국가보훈처는 국가보훈실로 개편하면서 현행 장관급을 차관급으로 조정한다.[2] 외교통상부는 재외국민 지원 기능

2) 기관 명칭으로 정부내부업무 성격의 기관은 실(Office)로 하고 나머지

을 강화하고 통상교섭 기능을 통상교섭대표부(외교통상부 소속) 형태로 유지한다. 통일부는 대북협력 사업의 집행 기능을 소관 행정기관으로 이관하고 기획총괄조정 기능에 집중한다. 국가비상기획위원회는 전시동원계획을 주관하는데 국방부도 점차 문민화하고 있기 때문에 큰 문제없이 비상기획기능을 국방부 내의 위원회 조직으로 재편할 수 있다.

국가인권위원회와 국가청렴위원회는 법무부 내의 기구로 재편된다. 검찰에 대한 견제로서의 공직부패수사처 설치 주장과 관련하여 당분간 특별검사 제도를 운영하면서 보완하는 것이 바람직하다고 판단한다. 진실화해를 위한 과거사정리위원회, 친일반민족행위진상규명위원회, 친일반민족행위자재산조사위원회 등은 4년의 활동시한이 도래하면 시한 연장 없이 해산한다. 2009년 이후에는 자치경찰제의 도입과 함께 기존 경찰청을 국가경찰청과 시·도 자치경찰청으로 분리하되 해양경찰을 통합한 국가경찰청을 설치한다.

5) 교육문화복지 기능

2010년부터 시·도 교육감을 주민직접선거를 통해 선출하게 되면서 초중등교육의 전면적인 지방자치가 예고되고 있다. 교육인적자원부의 유아 및 초중등교육 기능을 시·도 교육청으로 이관하며 교육부의 고등교육 기능과 과학기술부를 통합하여 교육과

행정기관은 부(Ministry), 청(Agency), 위원회(Commission)로 하였다. 기존의 '처' 명칭은 폐지하였으며, 헌법에 명시된 감사원은 감사위원회가 존재하므로 원(Board) 명칭이 합당하다고 본다.

학부를 설치한다. 참고로 영국, 프랑스, 독일 등은 고등교육기능과 연구개발 기능을 단일 기관에서 관장하게 하고 있고 일본도 문부과학성을 설치하여 교육과 과학 기능을 통합하고 있다.

문화관광부는 국가청소년위원회의 기능을 통합하고 방송영상 콘텐츠 진흥기능을 주관한다. 예술·문화·체육·종교·대외홍보 기능에 비해 그 동안 미약한 영상미디어·관광 등 산업진흥 기능을 강화한다. 여성가족부를 보건복지부에 통합하여 보건복지부 기능을 강화하며 양성평등위원회를 보건복지부 내부에 설치한다. 식품의약품안전청의 식품안전기능, 농림부의 전 기능, 해양수산부의 수산기능을 통합하여 식품농수산부를 설치하면서 과거 생산자 위주에서 소비자 위주의 식품 안전성과 품질을 우선하는 행정체제로 전환한다. 노동부를 고용노동부로 개편하여 노사관계 위주에서 취업지원, 고용안정화 위주로 기능을 전환한다.

6) 경제산업공간 기능

경제정책 조정기능은 대통령비서실(경제수석비서관)과 국민경제자문회의가 주도한다. 1960년대부터 경제기획원-재정경제원-재정경제부 등 오랫동안 경제부총리가 경제정책을 총괄하였다고 하나 경제수석비서관이 경제부총리보다 더 강한 조정 권한을 가진 적도 많았다고 볼 수 있다. 이 개편 대안은 부총리 제도를 폐지하면서 대통령비서실의 경제조율 기능을 공식화하는 것이다.

기획예산처의 예산기능과 세제·국고회계 기능을 통합적으로 담당하는 재무부를 설치하고 공공기관의 개혁과 민영화를 적극적으로 추진하게 한다. 통합된 재정과 금융정책 기능을 함께 관장하면 지나치게 막강한 권한을 가진 기관이 되므로 금융정책기능을 분리한다. 금융 정책과 감독기능을 담당하는 금융위원회(장관급)를 재무부와 별도로 설치한다. 금융위원회는 현행 재정경제부의 금융정책 기능과 금융감독위원회, 금융감독원의 기능을 통합하게 된다. 금융위원회는 공무원조직이므로 현재의 금융감독원 직원들은 금융감독 직렬 공무원으로 전환된다.[3] 소비자보호 정책은 공정거래위원회에서 담당하며 경쟁규제는 공정거래위원회 외에 금융위원회, 정보매체위원회 등 산업별 규제기관도 수행한다. 장기적으로 통신·방송·우편·철도·고속도로·전기·가스·상수도 등 공기업 민영화 이후에 네트워크 성격의 산업 규제를 통합적으로 관장하는 '기반사업규제위원회'(network services regulatory commission)를 설치할 수 있다.

과학기술자문회의 기능을 강화하여 과학기술정책 조정 기능을 수행하고 민간연구자 중심의 과학기술연구회(현재 3개 연구회를 통합)가 사무국 역할을 하면서 과학자 중심의 과학기술 정책결정 체제를 구현하고, 과학기술부와 교육인적자원부를 통합한 '교육과학부'가 행정적 지원을 하게 한다. 중소기업특별위원회, 중소기업청, 산업자원부 기능을 통합하여 '기업자원부'(Ministry of Business & Energy)를 설치함으로써 기관간 중소기업 지원과

---

3) 미국의 증권거래위원회(SEC)와 일본의 금융청(Financial Services Agency) 직원은 국가공무원이다.

국외 정보서비스 중복을 해소한다. 현행 정보통신부의 전산 및 네트워크 산업진흥, 정보화지원 기능은 기업자원부로 통합하고 온라인콘텐츠산업 및 방송산업 진흥 기능은 문화관광부로 통합하고 정보통신 및 방송 서비스 규제, 주파수관리, 내용물 심의 기능은 '정보매체위원회'가 수행한다. 우정사업본부를 '우체청'으로 격상한 후 '우체공사'로의 전환을 준비한다.

농림부의 모든 기능과 해양수산부의 수산기능, 식품의약품안전청의 식품안전 기능을 통합하여 식품농수산부를 설치하고 농업, 수산업, 식품산업의 진흥과 식품안전 기능을 수행하게 한다. 농업기술 연구개발은 식품농수산부 소속 연구기관으로 전환하고 농촌지도 기능은 식품농수산부의 기능으로 전환한다. 건설교통부에 해양수산부의 해양공간관리, 해운·항만 기능을 통합하여 '공간교통부'를 설치하고 환경부에 수자원시설 관리 기능을 통합한다. 산림청과 국립공원관리공단을 통합하여 '자연보존청'을 환경부 외청으로 신설하며, 기상청을 환경부로 이관한다.

7) 개편의 효과

개편안이 적용되면 현재의 정부조직(2007년 12월 31일 기준)인 2원·4실·18부·4처·13위원회 등 총 59개 행정기관은 2008년 12월 기준으로 1원·5실·14부·15청·7위원회 등 총 42개 행정기관으로 개편되면서 17개 기관이 줄어든다. 과거사 관련 3개 위원회가 활동을 종료하고 자치경찰제가 실시되면서 경찰청과 해양경찰청을 통합하여 국가경찰청을 설치하고 우체청을 우체공사로 전환하는 2010년 7월 시점에는 1원 · 5실 · 14부 · 13청 · 4위원회 등 총 37개 행정기관으로 줄어들게 되면서 현재에 비해 22개 행정기관이 감소하게 된다.

현재 장관급 직위는 39개(장관직 19개), 차관급 직위는 92개(차관직 23개)이다(독립기구인 방송위원회와 국가인권위원회 등은 포함하였으나 군인, 외교관, 검찰, 대학교원 등 장차관급 예우 직위는 제외한다).

2008년 12월 기준 개편 후에는 장관급 직위는 26개(장관직 15개)로 현재보다 13개 줄어들고(34% 감소), 차관급 직위는 73개(차관직 23개)로 19개 줄어들면서(21% 감소) 현재보다 총 장 ·

[그림 0-2] 개편 후 정부조직 기능 공간도(2008년 12월 31일 기준)

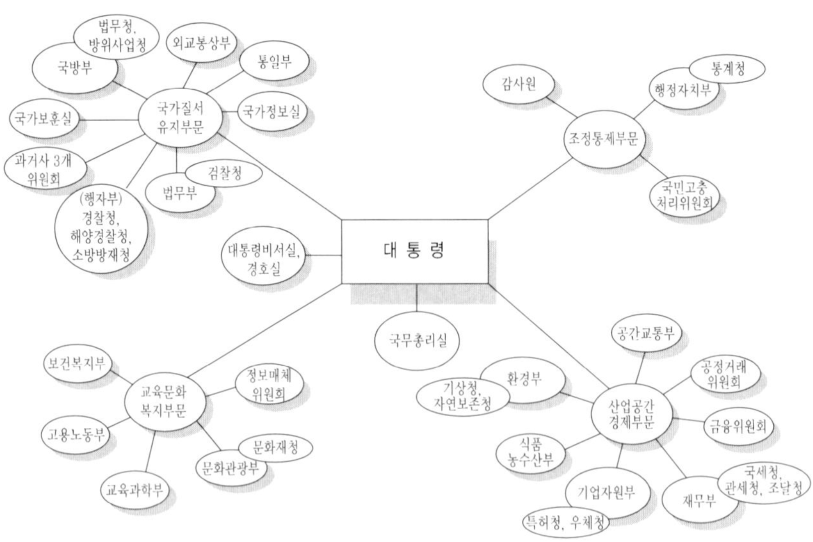

차관급 직위 수는 32개 줄어들게 된다(25% 감소).

국가경찰청과 가칭 한국우체공사가 출범하고 과거사관련 3개 한시적 위원회가 활동을 종료하는 2010년 7월 기준으로는 장관급 직위는 23개(장관직 15개)로 현재보다 16개 줄어들고(41% 감소), 차관급 직위는 65개(차관직 23개)로 27개 줄어들면서(30% 감소) 현재보다 총 장·차관급 직위 수는 43개 줄어들게 된다(33% 감소).

[그림 0-3] 개편 후 정부조직도(2008년 12월 31일 기준)

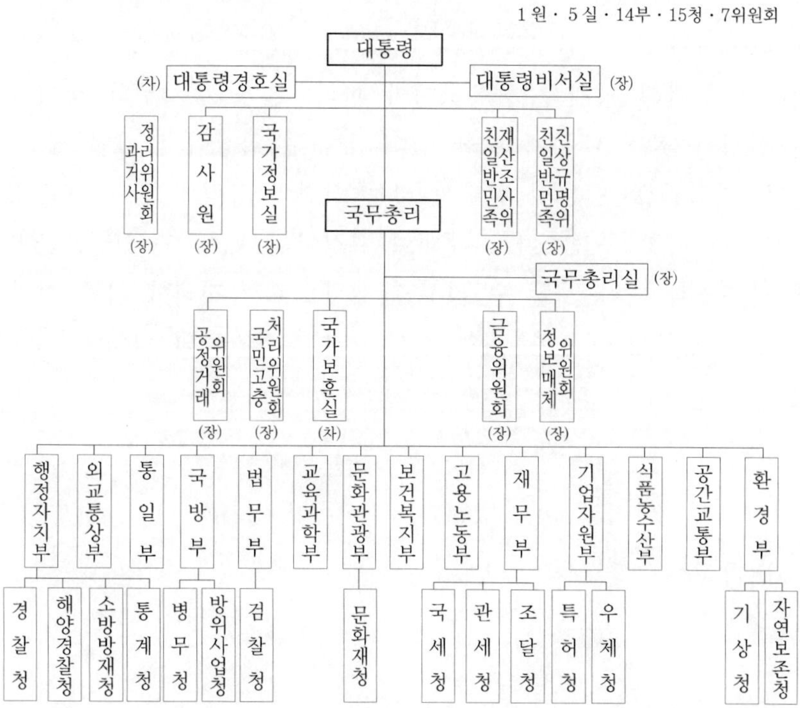

4. 맺음말

개편안은 대통령을 보좌하는 대통령비서실을 중심으로 국무총리실, 행정자치부, 재무부의 3두 체제를 구성하고, 국가질서유지(외교통상, 통일, 국방, 법무), 교육문화복지(교육과학, 문화관광, 보건복지, 고용노동), 산업공간(기업자원, 식품농수산, 공간교통, 환경) 기능별로 행정각부를 설치하였다. 위원회 조직은 공정거래, 금융, 정보매체, 고충처리 기능을 제외하고 행정 각부로 통합한다.

새 대통령과 그가 임명하는 국무총리와 장관은 정부조직 개편에 대하여 일관된 입장을 공유하여야 한다. 집권 초기부터 국회의원 선거가 있기 때문에 이들 간의 공유된 입장이 없다면 국회, 정당, 직업관료, 언론의 일관성 없는 의견과 압력에 함몰되어 조직개편은 지향 목표조차도 제대로 설정하지 못할 수 있다. 단번에 정부조직 개편을 할 수 없고 단계적으로 추진해야 하는 상황에서 새 정부의 대통령, 국무총리, 그리고 장관들의 팀웍을 기대한다.

제1장 이명박 정부의 국정기조와 정부조직

1. 새 정부의 국정기조

정부조직 설계와 관련된 이명박 당선인의 선거공약을 중심으로 검토해 보기로 한다. 경제살리기를 최우선 과제로 삼고 기업과 시장을 활성화하고 절약하며 일 잘하는 '실용정부'를 구현한다고 약속하고 있다.

중앙정부 부문에서 노무현 정부의 공무원 수 증가, 장차관급 등 고위직의 비대화, 위원회의 남설, 재정지출, 인건비, 국가채무의 급증 등을 문제로 제기하면서, 정부기능을 통합 재편하여 현재의 56개 중앙행정기관과 각종의 위원회를 대폭적으로 정비하고 공무원인력을 사회복지·교육·보건·치안 등에 재배치하고 낭비성기금을 폐지하고 예산지출감독을 강화하여 국가예산을 10% 절감하겠다고 한다. 지방자치 부문에서 노무현 정부 하에 지방분권은 말의 성찬으로 그치고 말았다고 하면서 실질적인 지방재정 확충과 교육자치, 경찰자치를 확대하는 등 중앙정부의 권한이양을 약속하고 있다. 특히 6,500여개의 특별지방행정기관을 정비하면서 대폭적인 지방이양을 추진하겠다고 한다. 공기업을 포함한 공공기관 부문에서 노무현 정부 하에서 부채규모가 급증하면서도 비대해진 인력규모를 문제점으로 이해하고 시장이 잘 할 수 있는 기능의 공기업은 단계적으로 민영화하면서 공기업의 효율성은 높일 것을 약속하고 있다. 행정규제 부문에서 노무현 정부에서 규제가 늘어난 원인으로 정부조직과 공무원 정원의 확대를 들고 있으며, 국제기준에 맞는 규제, 규제자유지역, 규제실험제를 도입하고 규제에 대한 시장영향평가를 실시하고 규제개혁위원회의 강화하는 방안을 제시하고 있다.

대통령직인수위원회는 선거과정에서 제시된 한나라당과 이명박 후보의 공약을 검토하여 추진해야 할 것과 추진하기 어려운 것을 구분하여 최종적으로 새 정부의 정책기조와 국정과제로 정리할 것이다. 따라서 일부 공약은 그 실천가능성이 거의 없을 수도 있으나 정부 및 공공부문에 대한 전체적인 감축과 지방 및 민간부문의 활성화 기조는 유지될 것으로 기대된다. 특히 대부대국(大部大局) 체제와 공무원 정원 동결, 사회복지·교육·보건·치안 등에 인력 재배치, 교육자치와 경찰자치 확대, 일부 공기업 민영화 등은 새 대통령 임기 동안 실현가능성이 매우 높다고 볼 수 있다. 경제성장을 위해서 과감한 행정규제의 혁파를 주장하면서도 식품의약품안전, 산업안전, 방재 및 교통안전, 환경안전에 대한 규제는 고품질화 하겠다는 약속은 정부조직 설계에 반영되어야 할 방향이라고 본다.

대통령직인수위원회의 조직규모도 노무현 정부를 위한 16대 인수위원회의 247명보다 작은 184명 규모의 실무형으로 구성한다는 보도를 보면서, 대통령당선인이 대통령비서실 축소 방침으로 실용정부를 솔선수범할 경우 중앙행정기관 등 공공부문의 군살빼기(슬림화)는 실현가능성이 매우 높다고 판단한다.

2. 대통령과 정부조직

대통령의 정책방향을 구체화하는 것이 행정각부 등 행정조직의 임무이며 좋은 정부조직 모습은 새 대통령의 국정기조에 적절한 조직일 것이다. 정부조직은 정책을 추진하는 그릇이고 수단이다. 따라서 이명박 정부가 김대중·노무현 정부와 차별적인 정책기조를 제시하고 있는 이상, 실현가능성을 차치하고 현재와는 차별적인 정부조직 모습을 구현하는 것이 타당하다.

이명박 대통령 당선인은 실용정부, 정부기능 재조정과 정부조직 통폐합을 공약으로 제시하였고 이에 따라 대통령직인수위원회는 그 동안 한나라당 선거대책위원회에서 검토한 안과 함께 학계와 시민사회 등 다양한 집단의 정부조직 개편안을 보고받고 정부조직 재설계에 참고할 것이다. 대통령직인수위원회 차원에서 정부조직 개편안을 확정하여 당선인에게 재가를 받은 후 의원입법 형태로 정부조직법 및 관련 법률 제·개정안을 국회에 제출할 것이다. 국무총리·국무위원 및 국정원장·경찰청장 등의 인사청문회 일정을 감안한다면 1월 중순 이전까지 정부조직 개편안이 확정되어야 할 것이다. 따라서 12월 26일경에 출범할 인수위원회는 사실상 새로운 대안의 개발은 불가능하기 때문에 그 동안 제시된 개편안을 중심으로 정치적 실현가능성과 바람직한 정도를 충실하게 검토할 필요가 있다. 실용정부에 맞는 이상적인 정부조직 모습과 법제화 실현가능성이 높은 정부조직 모습 중간 어디에 이명박 정부 출범 시점의 정부조직이 위치할 것이다.

제 2 장 경쟁 국가의 정부조직

한국경제는 GDP규모로 세계 13위, 통상규모로는 세계 11위의 대국이다. 어떤 학자들은 노르딕 4국, 베네룩스 3국, 스위스, 아일랜드 등과 같은 '강소국'을 우리의 참조모델로 제시하는데, 한국은 인구 4,900만 명이고 북한과 통합할 경우 6,945만 명으로 '소국'이기에는 너무 크다. 따라서 향후 10년간 국민소득 2만 달러에서 4만 달러로 도약할 것을 목표로 삼고 있는 대한민국은 세계시장에서 경쟁하고 협력하고 있는 국가로서 국가 경제 및 인구 규모면에서 우리나라보다 한발 앞서 가고 있는 일본, 미국, 영국, 독일, 프랑스 등의 정부조직을 참조하는 것이 적절하다.

1. 일 본

일본은 1998년 5월 하시모토 총리가 정부조직 감축 방안을 법제화하였고 2001년 1월 고이즈미 총리는 1부 22성청 체제를 1부 12성청으로 개편하는 방안을 시행하였다. 2007년 1월 아베 총리 하에서 방위청이 방위성으로 격상되면서 1부 12성의 체제가 완결되었다고 볼 수 있다. 일본 정부는 2010년까지 공무원 정원을 2001년 기준 25% 감축하는 방안을 추진하고 있다.

일본은 별도의 총리실을 두지 않고 내각부에서 총리를 보좌한다. 내각부에는 관방장관(Chief Cabinet Secretary) 외에 4명의 특명장관이 개별 성(省)에서 다루기 어려운 이슈에 대하여 총리를 보좌하는데 현재는 북방오키나와·과학기술·삶의질·규제개혁, 재정금융·행정개혁, 경제재무정책, 양성평등·사회복지 등을 분담하고 있다.

내각부 외 내각 행정기관은 총무성, 법무성, 외무성, 재무성, 문부과학성, 후생노동성, 농림수산성, 경제산업성, 국토교통성, 환경성, 방위성, 국가공안위원회 등 12성이 있다. 금융정책과 감독기능을 담당하는 금융청은 내각부 소속이고 경찰청은 국가공안위원회 소속이다.

[그림 2-1] 일본의 정부조직도

(2007. 12. 24 현재)

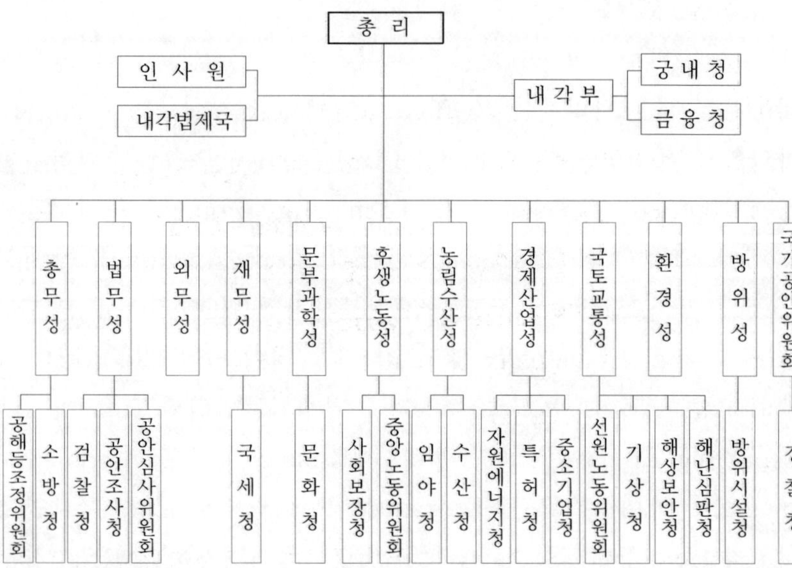

2. 미 국

미국은 대통령과 부통령을 직접적으로 보좌하는 백악관실(White House Office)이 있고 대통령실(Executive Office of the President)에는 백악관 외에 관리예산실, 마약통제실, 과학기술정책실, 무역대표부, 경제자문위원회, 국가안보위원회 등이 포함된다.

백악관은 대통령의 관저도 있고 대통령 사무실을 중심으로 부통령과 보좌관들이 근무하는 곳이다. 대통령비서실장을 중심으로 국가안보보좌관(National Security Adviser), 대변인, 정무비서관(Director of Political Affairs) 등의 비서관들이 대통령과 부통령을 보좌한다.

대통령실에는 관리예산실(Office of Management & Budget), 마약통제실(Office of National Drug Control Policy), 과학기술정책실(Office of Science & Technology Policy), 무역대표부(Office of the United States Trade Representative), 행정실(Office of Administration), 자원봉사정책실(Office of Faith-Based and Community Initiatives) 에이즈정책실(Office of National AIDS Policy) 등과 경제자문위원회(Council of Economic Advisers), 환경질위원회(Council on Environmental Quality), 국내정책위원회(Domestic Policy Council), 국토안보위원회(Homeland Security Council), 국가경제위원회(National Economic Council), 국가안보위원회(National Security

Council), 국외첩보자문위원회(President's Foreign Intelligence Advisory Board), 프라이버시감시위원회(Privacy and Civil Liberties Oversight Board), 미국 자유봉사대(USA Freedom Corps), 백악관군무실(White House Military Office) 등이 설치되어 있다.

[그림 2-2] 미국의 정부조직도

(2007.11.30 현재)

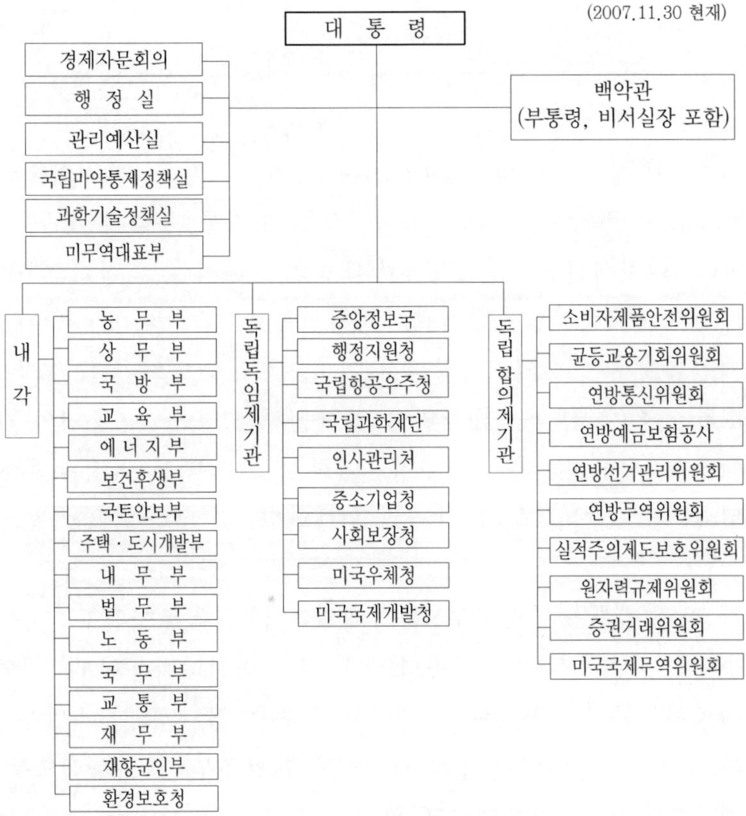

행정각부로 농무부, 상무부, 국방부, 교육부, 에너지부, 보건복지부, 국토안보부, 주택도시개발부, 법무부, 노동부, 국무부, 내무부, 재무부, 교통부, 재향군인부 등 15부가 있고, 행정각부와 독립된 중앙정보부(CIA), 환경보호청(EPA), 행정서비스청(GSA), 연방통신위원회(FCC), 연방거래위원회(FTC), 증권거래위원회(SEC), 실적제보호위원회(MSPB), 인사정책실(OPM), 우주항공청(NASA), 우체청(USPS) 등 다양한 기구가 존재한다.

3. 영 국

영국은 내각실(Cabinet Office)과 별도로 작은 총리실(Prime Minister's Office)을 두고 있다. 고든 브라운 총리의 경우 총리실에 총리비서실장, 공보비서관(대변인), 비서실 차장, 정무비서관, 정부관계비서관, 정책관, 정치언론보좌관, 국내정책비서관, 국제관계비서관, 외교국방비서관 등을 두고 있다. 내각실(Cabinet Office)에는 내각관방 장관을 두고 있으며 총리와 내각회의를 지원하며 기관간 조정, 의회 관계, 특별 국정과제(현재 런던 올림픽 준비) 등의 기능을 수행한다.

내각 행정기관으로 법무부, 문화매체체육부, 국토안전부, 보건부, 외무영연방부, 교통부, 아동학교가족부, 혁신대학훈련부, 기업규제개혁부, 환경식품농촌부, 재무부, 노동연금부, 국제개발부, 국방부, 지역지방자치부, 북아일랜드부, 웨일즈부, 스코틀랜드부 등 18개 部를 두고 있으며, 그 외 추밀원이 있다. 내각 외의 독립기관으로 공정거래위원회(OFT), 통신위원회(Ofcom), 식품기준

[그림 2-3] 영국의 정부조직도

(2007. 12. 24 현재)

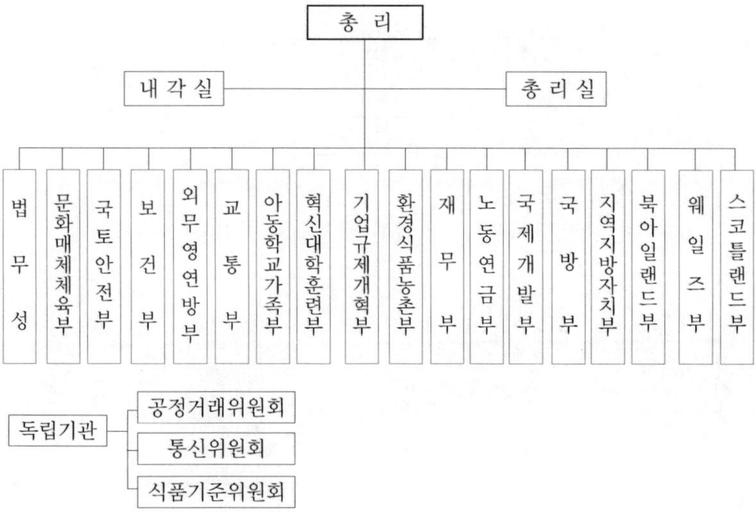

위원회(FSA) 등을 두고 있다.

4. 독 일

독일은 강한 총리를 가진 의원내각제를 채택하고 있어 내각실(Cabinet Office) 대신 총리실(Chancellery)을 두고 있으며, 총리실은 내각회의를 주관한다.

내각 행정기관은 노동사회부, 외교부, 내무부, 법무부, 재무부, 경제기술부, 식품농업소비자보호부, 국방부, 가족노인여성청소년부, 보건부, 교통건축도시부, 환경자연보존원자력안전부, 교육연구부, 경제협력개발부 등 14부가 있다. 독립기구로 연방반담합청, 연방네트워크청 등이 설치되어 있다.

[그림 2-4] 독일의 정부조직도

(2007. 12. 24 현재)

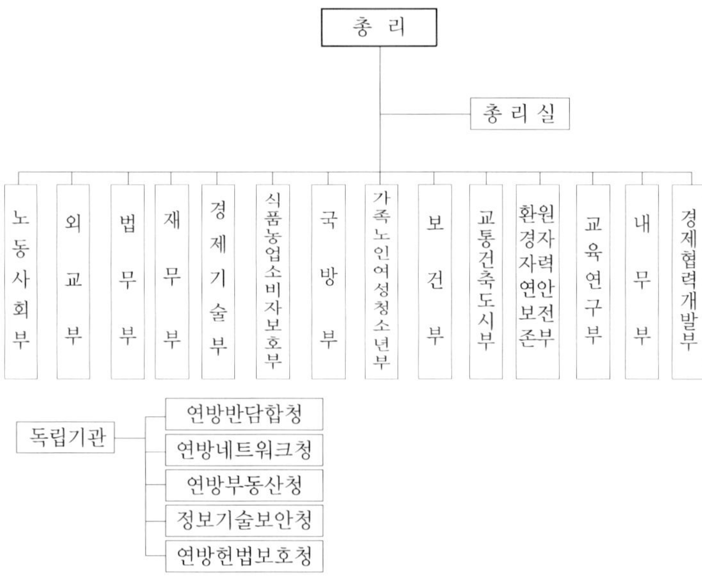

5. 프랑스

사르코지 프랑스 대통령은 취임 후 공직사회 개혁을 주창하면서 정부조직 감축과 공무원 정원 10만 명 감축을 발표하였다. 프랑스 정부는 대통령실과 총리실을 별도로 두고 있으며 내각 기관은 생태지속가능계획발전부, 내무지방정부관계부, 외교유럽부, 경제재정고용부, 출입국이주국가정체성부, 공증법무부, 농수산부, 노동노사관계사회연대부, 국가교육부, 고등교육연구부, 국방부, 보건청소년체육부, 주택도시부, 문화통신부, 예산회계인사부 등 15부이다.

[그림 2-5] 프랑스의 정부조직도

(2007. 12. 24 현재)

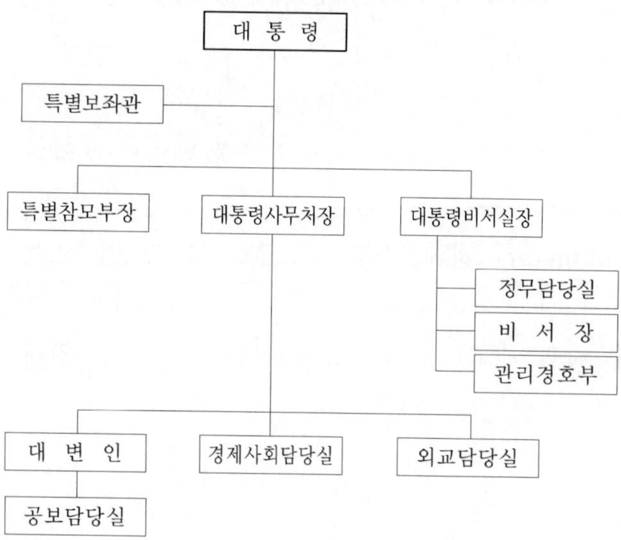

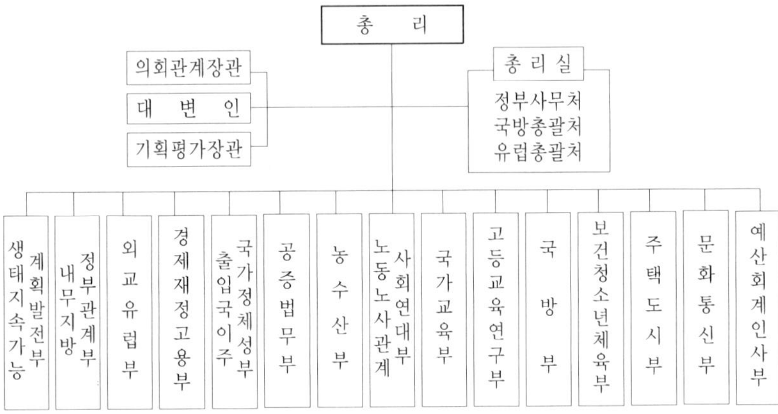

6. 소 결

참조할 수 있는 선진국 정부는 13개에서 19개의 내각 행정기관을 설치하고 있으며 내각 장관과 대통령 또는 국무총리는 내각회의, 관계장관회의 등을 통해 업무에 있어서 긴밀한 관계를 유지하고 있다. 국정을 총괄·지원하는 기능의 대통령실, 총리실, 내각부, 내각실, 총무성 등의 조직은 통합적으로 운영되고 있다. 大部主義에 따라 행정 각부의 관할 기능을 넓게 설정되고 장관(Senior Minister) 하에 소장관(Junior Minister) 또는 대외용 장관이 존재한다. 한국의 경우 국무위원 장관 하에 대외용 장관 또는 복수 차관 제도를 운영하는데 이를 참조할 수 있다.

제 3 장 정부조직 설계 방향

1. 정부조직 설계 기초

정부조직을 설계하는데 고민해야할 기본적인 사항을 제시해 본다.

1) 재설계 검토의 범위

이는 전면적인 검토이냐 아니면 문제 중심 검토이냐의 선택이다. 정부기능 전체를 제로베이스에서 검토해서 기능을 우선 공공부문과 민간부문을 구분하고, 공공부문 기능에서 중앙정부와 지방정부를 구분하고, 중앙정부 기능에서 중앙정부기관과 공공기관(공기업과 준정부기관 포함)으로 구분하고, 중앙정부기관 기능에서 각 행정기관별 기능을 구분하는 방안이 있다. 10년 동안 야당이었던 한나라당의 집권이기에 큰 폭의 정책변화를 위해서는 제로베이스에서 정부조직을 재설계하여야 한다는 입장이다.

전면적인 검토 접근에서는 산업화와 민주화 시대를 거치면서 정부조직은 체계성을 상실하였다는 것이다. 현재의 정부조직은 박정희-전두환-노태우-김영삼 정부로 이어지면서 유지된 '박정희식' 행정체제의 근간을 가지고 있다. 1960년대 초 출범한 박정희 군사정부는 선진 군관리 시스템을 도입하면서 일제 식민시대의 주민통제 문화와 미 군정시대의 형식적 민주주의 문화가 결합되어 부정부패가 만연하였던 공직사회에 일대 변화를 가져왔다. 경제기획원의 장기기획과 예산편성 역량을 확보하고 각 행정조직은 기획관리실을 중심으로 표준화된 행정체제를 마련하였으며, 공개채용시험을 실시하여 공무원 충원에서의 부정부패를 일소하였다. 박정희 정부의 행정조직과 운영방식은 이후 거의 40년 동안 유지되어 왔고 정부 주도의 산업화를 조기에 완성하는 성과를 얻기도 하였다. 이러한 정부 주도의 행정체제는 1990년대 이후 국경 없는 무한 경쟁의 세계화 시대에서는 제대로 작동하지 못하면서 외환위기까지 자초하게 된다.

김대중-노무현 정부는 여성가족부, 중소기업특별위원회, 국가인권위원회, 청렴위원회, 진실화해를 위한 과거사정리위원회 등 민주화와 사회적 약자를 위한 조직을 기존 조직에 병설하였고, 큰 전략적 계획을 갖고 세계화 시대에 부응하는 행정체제를 마련하기보다는 현상에 임시방편으로 대응하는 조직을 만들어왔다. 그 결과 현재의 정부 행정조직체제는 그 동안 우리 사회의 민간경제의 성장, 지방자치의 진전, 급속한 세계화에 따른 사회변화, 고령화와 연소화의 인구구조, 남북관계의 진전 등을 제대로 반영하지 못하였다고 볼 수 있다.

새 정부 5년 어느 시점에 헌법 개정을 통한 권력구조를 포함한 전반적인 정부 및 공공부문의 기능과 역할에 대한 재편 논의가 예정되어 있기 때문에 지금부터 전반적인 정부조직 개편을 논의해야 한다는 입장이 있다.

한편, 새 정부 출범 전에 정부조직 개편을 법률로 확정하고 장관을 포함한 주요 기관장에 대한 인사 청문까지 마무리해야 하는 일정과 정부조직 개편이 가져올 사회적 갈등이 2008년 4월 9일 국회의원 선거에 상당한 정치적 부담을 줄 수 있다는 전망 등으로 정부조직 재설계 범위를 그 동안 조직개편 이외의 수단으로는 해결하기 어려운 비효율과 갈등을 낳은 부문에서의 통폐합에 한정하자는 입장이 있을 수 있다. 소수인 한나라당(128석)이 다수의 반대당(대통합민주신당 140석, 민주노동당 9석 등)이 지배하는 국회에서 정부조직 재설계와 관련된 정부조직법 등 행정기관 설립근거 법률들을 제·개정해야 하는 입장에서는 정치적으로 부담을 최소화하는 방안을 검토하지 않을 수 없다. 기능조정 및 조직통폐합 검토 대상이 되고 있다는 사실 자체만으로 해당 행정기관은 물론이고 관련 공공기관과 정책공동체 집단의 관심과 긴장을 유발하고 이해관계가 부딪치는 집단 간의 갈등으로 이어질 수 있기 때문에, 정부 교체기의 안정과 새 정부 구상에 몰두해야 할 당선인과 그 지원집단에게는 조직개편 범위를 넓게 잡는 것이 큰 부담이 될 것이다.

이명박 당선인의 참모 집단이 정부조직개편에 대하여 얼마나 준비되었는지에 대해서는 알 수 없으나 특정 기능분야에서 세부적인 조직재설계안을 확정했다고는 보기 어렵고 다양한 안들을 내부적으로 검토하였을 것으로 짐작한다. 따라서 공론화 과정이 1월 초중순까지 라고 본다면(의원입법으로 1월 하순에는 국회에 제출되어야 함) 충분한 기간이 남았다고 보기 어렵기 때문에 여러 부문의 다양한 정부조직개편 논의가 전개되겠지만 2월 새 정부 출범 전에는 최고의사결정이나 총괄지원통제 기능 조직과 일부 개편의 요구가 강한 기관의 통폐합으로 1차 개편이 마무리되고 다음 개편 논의는 제18대 국회가 개원되는 7월 이후 제기될 것으로 전망해 본다.

2) 大部主義의 의미

최근 정부조직 개편 논의에서 대부주의(또는 대부처주의, 대부처대국체제 등으로 불린다)가 논의되면서 대규모 정부조직 통폐합이 진행되고 22개 부처를 10여개로 줄이는 태풍이 불 것이라는 얘기와 함께 일부 학자들의 대통폐합 조직개편안이 언론에 보도되고 있다. 1부 22성청을 1부 12성으로 축소한 일본 정부의 개혁사례가 참조모델로 작용하고 있다고 볼 수 있다.

우리나라 정부는 대통령과 국무총리를 정점으로 2원-4실-18부-4처-18청-13위원회 등 59개 중앙행정기관(방송위, 국가인권위, 과거사정리위 등 3개 독립기구 포함)이 설치되어 있다. 참조대상인 선진국의 경우에도 내각기관 외에 다양한 형태의 독립적 기구가 존재하고 있기 때문에 우리의 59개 기관 규모가 크다고는 할 수 없다. 문제는 청이나 위원회의 상당수가 내각의 정책조율에서 벗어나 있다는 것이다. 선진국의 경우 모든 정부기관이 내각의 정책방향과 유기적으로 연계되어 정책과 사업을 추진하고 기관간 수평적 협력관계가 견고하다고 볼 수 있다. 우리 정부의 경우 상대적으로 내각 기관을 포함하여 기관간 수평적 협력관계가 미흡하고, 대통령비서실, 국무조정실, 각종 국정과제위원회 등 기관 상위의 조정력도 제대로 작동되지 않는 경우가 발생하고 있다.

따라서 우리의 경우 대부주의를 채택한다고 할 때는 우선 내각 중심의 국정조율이 제대로 될 수 있도록 각종의 위원회들을 유관 내각기관과 통폐합을 함으로써 내각조직을 부분적으로 확대한다는 것이다. 다수의 위원회 조직이 내각 기관의 틀 속에서 자율성을 갖고 일을 하는 형태가 미국을 제외한 여러 선진국 정부에서는 일반적이다.

인적자원 기능을 중심으로 교육인적자원부, 과학기술부, 노동부를 통합하는 안, 사회복지 기능을 중심으로 보건복지부, 여성가족부, 노동부를 통합하는 안, 산업기술기능을 중심으로 산업자원부, 정보통신부, 과학기술부를 통합하는 안, 공간환경 기능 중심으로 건설교통부와 환경부를 통합하는 안 등은 현재 장관 2-3인을 1인으로 줄이는 효과가 있으나 지나치게 많은 기능을 하나의 조직에 담는 것으로 통합조직이 효과적으로 기능할 것으로 기대하지 않는다.

일본의 후생노동성과 같은 대규모 조직을 신설하는 방식으로 대부주의가 해석되는 것은 바람직하지 않다. 대부주의는 기관장이 자율성을 갖고 업무를 수행하기 위한 일정수준의 기능, 권한, 인력과 조직을 부여하기 위한 것으로, 상대적으로 규모가 작다고 볼 수 있는 여성가족부, 국정홍보처, 법제처, 기획예산처, 방송위원회, 국가청렴위원회, 중소기업특별위원회, 중앙인사위원회, 국가청소년위원회, 국가비상기획위원회, 금융감독위원회 등에 한정적으로 적용되어야 한다.

3) 기능분류와의 관련성

지난 수년 동안 행정자치부는 전자정부를 통한 업무관리와 기록관리 시스템을 구축하고 기획예산처와 재정경제부는 디지털예산회계시스템을 구축하는 과정에서 정부기능과 업무 분류를 표준화해야 한다는 인식을 하게 되었다. 행정자치부는 2006년 7월 정부기능분류를 6레벨까지 설정하면서 3레벨까지는 디지털예산회계의 기능분류와 일치시켰다. 1레벨은 일반공공행정, 과학기술 등 15개이고 2레벨은 67개이고 3레벨은 491개이다(표 3-1 참조).

정부조직을 백지상태에서 설계한다면 2006년도 정부기능 분류체계를 그대로 수용하여 15개 행정기관을 내각(국무위원) 기관으로 설치하고 일부 독립적으로 수행해야 할 기능(감사, 첩보, 고충처리, 공정경쟁 등)을 별도 기구로 설치하면 될 것이다. 그러나 기존 정부기관이 오랜 기간 동안 유지되어 오면서 업무관행과 이해관계자를 형성하여 왔기에 기능분류체계에만 의존하여 조직설계를 할 수는 없다. 다만 기능분류체계가 각 행정기관이 수행하는 기능이 정부 전체의 기능에서 차지하는 상대적 비중을 판단하는 데 참고는 될 수 있다. 공공일반행정 기능의 경우 국무조정실, 행정자치부, 법제처, 국정홍보처, 공정거래위원회, 국가청렴위원회, 조달청, 통계청, 재정경제부, 금융감독위원회, 국세청, 관세청, 중앙인사위원회 등 지나치게 많은 기관들이 수행하고 있음을 알 수 있다.

〈표 3-1〉 정부기능분류체계 확정안(2006. 7.)

1레벨	2레벨
일반 공공행정	입법 및 선거관리, 지방행정·재정 지원, 국정운영, 일반행정, 재정·금융, 정부자원관리
과학기술	과학기술 연구지원, 기술개발, 과학기술일반
통일·외교	통일, 외교·통상
국방	병력운영, 전력유지, 방위력 개선, 병무행정
공공질서 및 안전	법무 및 검찰, 경찰, 해경, 법원 및 헌재, 재난방재·민방위
농림해양수산	농업·농촌, 임업·산촌, 해양수산·어촌
산업·중소기업	산업금융지원, 산업기술지원, 무역 및 투자유치, 산업진흥·고도화, 에너지 및 자원개발, 산업·중소기업 일반
수송 및 교통	도로, 철도, 도시철도, 해운·항만, 항공·공항, 물류 등 기타
통신	정보통신, 우정
환경보호	상하수도·수질, 폐기물, 대기, 자연, 해양, 환경보호 일반
지역개발	수자원, 지역 및 도시, 산업단지
보건	보건의류, 건강보험, 식품의약안전
문화·체육·관광	문화예술, 체육, 관광, 문화재, 문화·체육·관광 일반
교육	유아 및 초중등 교육, 고등교육, 평생·직업교육, 교육일반
사회복지	기초생활보장, 취약계층지원, 보육·가족 및 여성, 공적연금, 보훈, 노동, 노인·청소년, 주택, 사회복지 일반

4) 책임소재

정부 기관이 성과위주로 운영되기 위해서는 정부 기관의 기능과 업무가 외부(국민 또는 국회)에서 실감하는 성과와 연결되어야 한다. 지나치게 작은 조직일 경우 해당 문제에 대하여 국민이 느끼는 성과 수준이 그 기관의 업무 결과인지를 판단하기 매우 어렵다. 예로서 국민이 느끼는 청소년의 보호지도 수준 또는 성과는 국가청소년위원회, 문화관광부, 교육인적자원부, 보건복지부, 여성가족부 등의 정책들이 복합적으로 작용한 결과이기 때문에 국가청소년위원회에 대하여 성과와 연계된 책임을 지우기 어렵게 된다. 사회적으로 잘 된 일과 잘못된 일에 책임을 지거나 칭찬을 받을 기관이 명확하지 않으면 기관은 태만해 질 수밖에 없다. 따라서 자기 책임 하에 일할 수 있는 기능과 권한, 조직과 인력을 부여할 필요가 있으며 이러한 점에서 지나치게 작은 중앙행정기관은 관련 기관과의 통합을 적극적으로 고려하여야 한다.

조직 설계에 있어서 기관의 성과를 반영하여야 할 것이다. 국민의 요구와 기대에 부응하지 못한 기관에 대하여 조직 축소 또는 타 기관으로의 통합을 통해 책임을 물을 수 있다. 노무현 정부 하에서 국정홍보처가 정말 언론기관이 주장하는 대로 언론취재지원 선진화가 아닌 퇴보로 가는 시스템을 강제하면서 언론기관과의 갈등을 야기하였다면 정책주도자는 물론 기관 자체도 그에 상응하는 조직 폐지 또는 감축 등의 벌칙을 주어야만 향후 정무직은 물론 경력직 공무원들도 정책을 운영하면서 국민을 두려워

할 것이다.

5) 지방화와 민간주도

민간경제규모의 성장, 지방자치의 경험, 사회 민주화의 진전 등의 정부환경의 변화로 인하여 일방적인 정책결정과 집행 방식을 기업·시민사회·지역사회로의 협력적 정책운영방식(Governance)으로 전환하지 않을 수 없다.

어떤 형태의 지방화와 민간화가 바람직한가? 비록 민간경제 규모가 커졌다고 하지만, 시장에서 강력한 힘을 가진 집단은 소수 대기업일 가능성이 크고, 목소리가 큰 시민사회에는 간부와 상근직원만 있고 정작 시민이 없고 편향된 주의주장만 하고 있다는 비판이 많다. 지방자치단체는 단체장 독주에 전문성 없는 지방의회의원과 공무원이 견제 역할을 제대로 하지 못하는 실정이다.

무엇을 어느 정도 어떻게 지방화하고 민간화하여야 할 것인가? 정부의 각종 위원회가 설치 운영되고 있으나 민간의 대표성 있고 전문성 높은 목소리를 담지 못하고 공무원들의 들러리 역할만 하고 있는 실정에서 어떻게 민간주도의 정책운영을 만들어낼 것인가? 현재의 지방자치 수준에서 지방이양을 한다면 난개발이 되고 소기의 중앙정부의 정책목표가 아닌 자치단체장의 홍보 목표만 달성되는 상황을 우려하는 중앙정부 공무원의 소리가 자기 밥그릇 챙기기만이 아닌 것도 사실이다. 따라서 지방과 시민사회의 자율적 역량을 먼저 키운 후에 지방화 민간화하여야 한다는 주장도 일견 타당하다.

그러나 일부의 부작용과 준비 미비만을 이유로 중앙정부 기능과 권한의 지방이양이나 민간참여 확대와 민영화 등을 미룰 수는 없다. 일을 해 보아야 일하는 역량을 키울 수가 있기 때문에 원칙적으로 지방화와 민간화를 먼저 추진하고 부족한 부분을 지속적으로 보완하는 접근방식이 바람직하다고 본다. 강남구청 등 선도적 자치단체가 등장하고 KT, 두산중공업 등 민영화된 기업의 성공사례도 보고되고 있기 때문에 일단 지방자치의 강화와 공기업 민영화를 적극적으로 추진할 필요가 있다. 실질적 지방자치를 위한 자치경찰제의 도입, 교육자치와 행정자치의 통합, 지방재정의 확충을 추진하고 5년간 중단된 공기업 민영화도 재개되어야 할 것이다.

지방이양과 민영화를 한 후 중앙정부 조직을 슬림화하는 것이 아니라 중앙정부의 기능, 권한, 조직, 인력을 감축하면서 지방화와 민영화를 동시에 추진하여야 한다. 중앙정부 부문의 감량을 통해 다양한 자율적인 민간부문, 지방정부, 지역사회의 발전전략이 등장하고 경쟁하여 최적의 전략이 선택될 수 있어야 한다.

현재 중앙정부는 국내정책(domestic policy)에 지나치게 경사되어 있고 정작 중요한 국제정책(global policy) 형성에 필요한 역할을 제대로 하지 못하고 있다. 세계화 시대에 국제기구, 주요 국가의 정부와 공공기관과의 협력적 관계를 정립하는 역할을 대폭 강화할 필요가 있다. 지방화와 민간화를 통해 중앙정부가 국내정책이 아니라 지방정책(local policy) 수준까지 간섭하는 행태를 혁파하고 명실상부한 국가를 대표하는 정부다운 역할을 다해야 한다.

2. 현행 정부 조직

헌법 제4장 '정부'는 대통령과 행정부를 포함하면서 대통령, 국무총리, 국무위원, 국무회의, 행정각부, 감사원을 규정하고 있다. 대통령을 수반으로 하는 행정부는 크게 4개 의사결정 계층을 가진다고 볼 수 있는데 대통령, 국무총리, 국무회의의 최고의사결정 계층, 총괄지원(staff) 기능을 수행하는 계층, 분야별 정책결정 기능을 수행하는 계층, 분야별 정책집행 기능을 수행하는 계층 등으로 분류할 수 있다. 현행 정부조직에서는 대통령비서실, 국무조정실 등이 최고의사결정 계층, 기획예산처, 행정자치부, 중앙인사위원회, 법제처, 국정홍보처, 감사원, 국민고충처리위원회 등이 총괄지원 계층, 국가정보원, 행정 각부, 국가보훈처, 국가청렴위원회, 공정거래위원회 등 각종 행정위원회 등이 분야별 정책결정 계층, 외청과 부·처·청 하의 소속기관 등이 정책집행 계층이라고 볼 수 있다. 정책집행은 외청과 부·처·청 소속기관 이외에 지방자치단체, 공공기관·출연연구기관·민간특수법인을 통해서도 이루어진다.

[그림 3-1]에서와 같이 2007년 11월 30일 현재 정부조직은 독립기관(또는 무소속기관), 대통령 소속기관, 국무총리 소속기관, 행정각부, 외청으로 나누어 볼 수 있다. 방송위원회, 국가인권위

원회, 과거사정리위원회 등은 독립기관으로 분류되고, 감사원, 국가정보원, 중앙인사위원회, 중소기업특별위원회, 국민고충처리위원회, 국가청렴위원회, 대통령비서실, 대통령경호실 등이 대통령소속기관으로 분류되며, 기획예산처, 법제처, 국가보훈처, 국정홍보처, 공정거래위원회, 금융감독위원회, 국가비상기획위원회, 국가청소년위원회, 국무총리비서실, 국무조정실 등은 국무총리소속기관으로 분류된다. 재정경제부 등 18부, 국세청 등 18청이 중앙행정기관으로 설치되어 있다.

감사원장과 국가정보원장은 부총리 상위의 예우를 받고 있으며 재정경제부, 교육인적자원부, 과학기술부 장관은 부총리를 겸하고 있다. 위원회의 위원장과 처장은 대부분 상근직 장관급이지만 국정홍보처와 국가비상기획위원회, 국가청소년위원회의 장은 상근직 차관급이고 중소기업특별위원회의 장은 비상근 장관급이다. 18부와 기획예산처의 장은 국무위원 장관으로 보임되며, 외청의 장은 차관급(단, 검찰총장은 장관급 예우)이다.

노무현 정부 출범 이후 법제처와 국가보훈처가 장관급으로 격상되었고, 방위사업청, 소방방재청, 행정중심복합도시건설청 등이 신설되고 통계청, 기상청, 문화재청이 1급에서 차관급으로 격상되었다.

[그림 3-1] 현 정부조직도

2원 · 4실 · 18부 · 4처 · 18청 · 13위원회
(2007.11.30 기준)

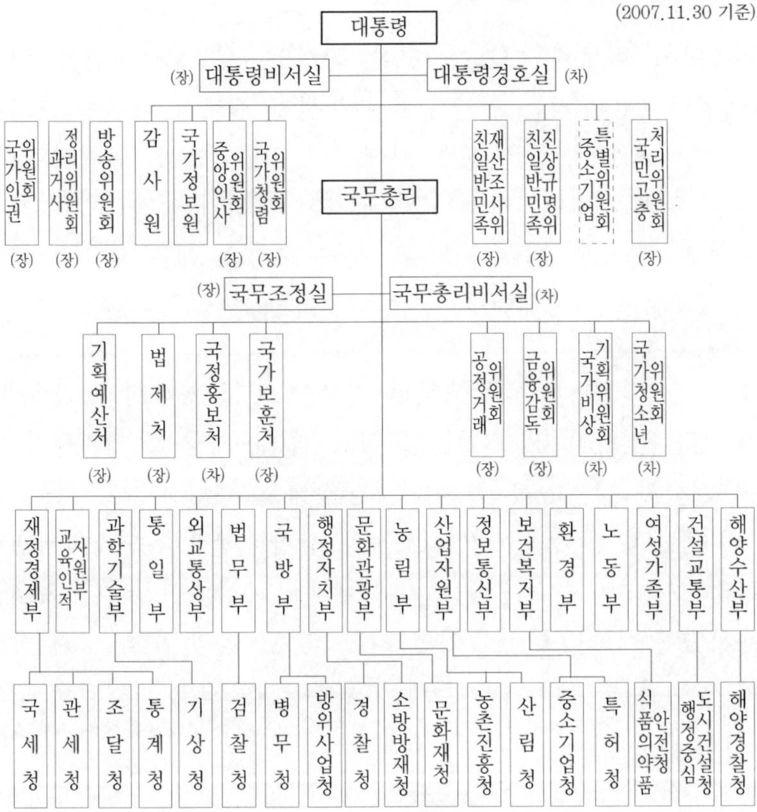

이 글에서는 대통령이 수반인 정부에 포함되는 '중앙행정기관' 조직을 중심으로 분석대상을 설정하되 법률상 정부에 소속되지 않은 독립기구인 방송위원회, 국가인권위원회, 진실화해를위한과거사정리위원회, 그리고 민간특수법인인 금융감독원의 조직 및 기능에 대해서도 정부 기능으로의 통합 여부에 따라 분석대상으로 설정하고자 한다.

3. 노무현 정부의 정부조직 평가

정부조직을 어떻게 만드는 것이 최선일까를 고민하면서 얼핏 “가벼워야 뜬다!”라는 건강음료 TV 선전 멘트가 머리를 스쳐갔다. 안타깝게도 노무현 정부 하에서는 기능, 조직, 인력의 다이어트를 통해 가벼워져야 할 중앙정부가 오히려 점점 무거워져서 지방정부, 기업계, 전문가집단은 물론 세금을 내는 모든 국민들의 안타까움을 자아내었다.

2003년 2월 출범하면서 노무현 정부는 기구 통폐합과 같은 구조적 개편은 하지 않고 기능의 조정, 일하는 방식, 성과평가 방식을 개선하는 기능적 혁신을 추구한다고 천명하였다. 정부 출범 이후 4년 반 동안 정부 조직의 통합·폐지를 최소화하면서 정치적·사회적 수요가 높은 부문에서의 조직 신설이나 확대를 수용하였다. 특히 집권 말기인 최근 몇 달 동안 수백 명의 중앙정부 공무원 증원을 여러 차례 허용한 것은 결코 바람직한 현상이 아니다.

철도청의 자산부문은 한국철도시설공단으로 운영부문은 한국철도공사로 개편되었고 의문사진상규명위원회가 폐지되었으나, 다수의 기관이 분화되거나 신설되면서 전체적으로 중앙정부의 조직은 확대되었다. ‘친일반민족행위진상규명위원회’, ‘진실화해를위한과거사정리위원회’, ‘친일반민족행위자재산조사위원회’ 등 한시적인 조직을 설치하였고,[4] 소방방재청, 방위사업청, 행정중심

4) 친일반민족행위진상규명위원회는 ‘일제강점하 반민족행위 진상규명에

복합도시건설청을 신설하였고 청소년보호위원회를 청소년위원회로 확대하고 여성부를 여성가족부로 확대 개편하였다. 김대중 정부말일 기준으로 18부 · 4처 · 16청 · 10위원회(방송위원회, 국가인권위원회 포함)에서 현재 18부 · 4처 · 18청 · 13위원회(3개 한시적 위원회 포함)로 2청과 3위원회가 순증하였다.

기관 수가 증가되는 것과 동시에 기관의 지위격상이나 장차관 정무직이 대폭 확대되면서 전체 정부조직 규모는 확대되었다. 노무현 정부 출범 후 대통령비서실의 장관급 정책실장 · 안보실장의 설치, 법제처, 국가보훈처의 장관급 격상, 국민고충처리위원회 상근 장관급 위원장 설치, 3개 한시적 위원회 설치 등으로 장관급은 8명 순증하였고, 국무조정실 2인, 외청 신설 3명, 복수차관제(재정경제, 외교통상, 산업자원, 행정자치)로 4명, 통계청 · 기상청 · 문화재청 · 청소년위원회 차관급 격상, 3개 한시적 위원회의 상임위원 6인, 국립박물관장 등으로 차관급은 29명 순증하였다(동아일보 2006년 2월 18일 3면 참조).

김대중, 노무현 정부 재임 동안 위원회 조직이 확대된 경향이 있다. 방송위원회, 국가인권위원회, 국가청렴위원회, 중소기업특별위원회, 중앙인사위원회 등이 신설되었고 청소년위원회, 국민

관한 특별법'에 근거하여 2005년 5월 31일 대통령소속기구로 설치되었고, 진실화해를위한과거사정리위원회는 '진실 · 화해를위한과거사정리 기본법'에 근거하여 2005년 12월 1일 독립기구로 설치되었으며, 친일반민족행위자재산조사위원회는 2006년 7월 13일 '친일반민족행위자 재산의 국가귀속에 관한 특별법'에 근거하여 대통령소속기구로 설치되었다. 3개 위원회는 근거 법률에서 4년의 활동시한이 정해져 있는데 일정 조건하에서는 활동시한이 연장될 수 있다.

고충처리위원회 등은 격상되었다. 위원회의 독립성이 강조된 결과로 보이나 실제 의사결정과 집행의 실효성을 확보하는데 그리 성공적이라고 보기 어렵다.

2원 · 4실 · 18부 · 4처 · 18청 · 13위원회의 중앙행정기관과 함께 대통령과 국무총리 소속의 각종의 국정과제(자문)위원회들도 자신들 영역의 정책과 사업을 개발하고 확대하면서 기관 간 상호 경쟁이 심화되었다. 이에 따라 기관 간 정책조정의 수요는 지속적으로 증대되면서 대통령비서실과 국무조정실 그리고 국정과제 위원회의 조직과 인력은 확대되었다.

한국은 2006년 기준으로 전 세계 192개 국가 중 국내총생산(GDP) 기준으로 13위이고 1인당 GDP 기준으로 36위를 차지하고 있으며, 주민투표로 지방자치 단체장과 지방의회 의원을 선출한 지 이미 12년이 지났다. 그러나 여전히 금융, 노사관계, 교육 부문에서의 정부주도는 지속되고 있으며 국가 전체 세수입의 80%를 차지하는 중앙정부 재정은 지방자치의 발전을 제약하고 있다. 노무현 정부는 대통령 선거과정에서 분권과 지역균형발전을 약속하였으나 현재로는 분권은 사라지고 지역균형발전만 부각되고 있으며 지역균형발전을 강력히 추진하기 위해서 중앙정부의 기능과 역할이 강조되고 있는 실정이다. 노무현 정부는 행정중심복합도시 건설과 중앙행정기관의 충청권 이전, 공공기관 비수도권 이전과 시 · 도별 혁신도시 선정, 부동산 투기 억제 정책 등의 과정에서 강력한 행정 · 재정적 영향력을 확대하였다. 집권 후반기로 가면서 현재의 중앙정부 및 정치권의 이해구조

하에서 이러한 중앙정부의 역할 확대 추세를 완화하거나 중단하기는 어려웠으며 결과적으로 중앙정부조직과 인력의 확대로 이어지고 말았다. 노무현 정부는 '일하는 정부'를 추구하면서 정부조직 확대에 대한 통제력을 상실하였다.

4. 조직설계의 방향과 범위

국정비전을 경제발전, 사회투자, 국제지역협력으로 설정하고 국정비전을 효과적으로 수행하기 위해 업무혁신, 지방이양, 규제완화, 민영화를 통해 중앙정부 조직을 유연하고 전략적인 조직으로 개편한다.

2014년 고령사회로의 진입 이전에 선진국으로 도약하기 위하여 사회투자를 확충하고 경제성장을 지속하며 국제협력 특히 동아시아 지역협력을 강화하여야 한다는 국가적 과제를 효과적으로 추진하기 위한 협력적 국정운영 체계로서의 정부를 설계하고자 한다. 중앙정부는 민간부문과 지방정부로의 권한 이양(규제완화, 민영화, 지방이양)을 강력히 추진하면서 사회투자, 선진경제, 국제협력 기능을 강화하는 방향으로 전반적인 조직과 인력을 재조정하여야 한다. 현재의 국내정책(domestic policy) 중심에서 국제정책(global policy) 중심으로 중앙정부의 역할을 전환하고 세계화 시대에 주요 협력 선진국가의 중앙정부 행정체계와 유사한 체제로 개편하면서 협력의 효율성을 높이고 조직의 안정성을 확보한다.

민간경제규모의 성장, 지방자치의 경험, 사회 민주화의 진전, 정보화·세계화라는 수십 년 동안의 정부 환경 변화를 반영하고 선진 경제복지 사회로의 도약을 위한 협력적 정부조직을 지향하는 차원에서 차기 정부의 조직 개편 방안을 설계할 필요가 있다. 선진국으로 도약하기 위해서는 중앙정부 주도의 경제·사회 발전 구조를 과감히 민간 주도와 지역사회 주도의 경제·사회 발전구조로 전환하여야 한다. 중단된 민영화와 지방이양 작업을 재개하고 비대한 중앙정부의 기능, 권한, 조직, 인력을 감축하는 노력을 지속적으로 추진하여야 한다. 지역사회를 살리기 위해서는 중앙정부의 권한을 강화하고 재정규모를 확대하고 중앙정부 주도의 지역발전 전략을 강권하는 것이 아니라, 중앙정부 부문의 감량을 통해 다양한 자율적인 민간부문, 지방정부, 지역사회의 발전전략이 등장하고 경쟁하여 최적의 발전전략이 선택될 수 있어야 한다.

이 글에서는 현행 헌법의 틀 속에서 2008년 2월 출범할 새 정부를 위한 조직개편안을 중심으로 논의하기로 한다. 물론 일부 정부 조직 개편에 따르는 기능조정의 경우에는 정부조직법 개정의 부칙으로 처리되기 어려운 관련 법률 개정 내용을 담을 수도 있다. 예를 들면 국가경찰과 자치경찰을 분리하거나, 방송행정·인권보호 기능을 정부 기능으로 전환하는 것 등은 추가적인 관련 법률의 개정이 요구되는데, 새 정부 출범 이후 1~2년 내로 다양한 법률 제·개정 작업이 이루어져야 한다.

새 정부에서는 정·부통령제, 내각제 등 권력구조 개편을 포함한 헌법 개정을 추진할 가능성이 매우 높으나 이 글에서는 현행 헌법 하에서의 정부조직개편 방안을 모색한다.[5] 1998년 이후 지금까지 진행되고 있는 한국사회의 변화들 – 세계 13위의 GDP 경제 규모, 20년의 민주화, 13년의 지방자치의 경험, 정보화를 통한 투명성의 극대화 등 – 을 수용하고 선진국 정부와 대응될 수 있는 정부조직 체계를 그려본다. 대통령과 국무총리의 역량을 국가전략적 방향에 집중하고 일상적 업무 부담은 줄이며, 행정 각부의 장인 장관이 실질적인 권한을 가지고 소관 분야의 정책을 운영하고 결과에 책임을 질 수 있게끔 행정 각부 조직을 새롭게 설계하고자 한다.

정부조직체계를 최고의사결정층, 총괄지원통제층, 국가질서유지층, 교육문화복지층, 경제산업공간층 등 5개로 나누고 최고의사결정층은 전략적 판단을 효율적으로 할 수 있게 하고, 총괄지원통제기능은 대폭적으로 축소하며, 국가질서유지와 교육문화복지기능은 지방정부와 함께 수행하고, 경제산업공간기능은 규제완화와 민영화를 통해 재편한다. 최고의사결정, 총괄지원통제, 국가질서유지, 교육문화복지, 경제산업공간 등 5개 부문으로 나누어 대안을 탐색한 후 전체 대안들을 종합하기로 한다.

---

5) 헌법 개정 논의에서 정부조직과 관련되는 사안은 대통령·부통령제 하에서 국무총리를 폐지하거나 내각제 하에서 의전형 대통령을 두는 것이나 감사원의 국회로 이관 등이다.

제 4 장　최고의사결정 기능

정부의 최고위 정책결정과 책임을 지는 조직으로 대통령과 국무총리의 수행 및 참모 기능을 수행하거나 의사결정을 지원하는 대통령비서실, 대통령경호실, 국무총리비서실, 국무조정실 등의 정규 조직과 대통령과 국무총리를 자문하는 각종 자문기구 등이 있다.

1. 조직 현황

1) 대통령비서실

노무현 정부 출범 후 전반적인 정부 조직의 확대와 함께 대통령비서실과 국무조정실의 조직 및 인력도 확대를 거듭하였다. 대통령비서실은 노무현 정부 출범 초 2실장 · 5수석비서관 · 6보좌관 체제에서 2007년 9월 현재 3실장 · 8수석비서관 · 2보좌관 체제로 확대되었다. 대통령비서실 직제는 비서실장, 정책실장, 안보실장 하에 수석비서관 · 보좌관 · 비서관으로 구성되어 있고 현재 약 530명 정도 근무하고 있다.

[그림 4-1] 대통령비서실 조직도

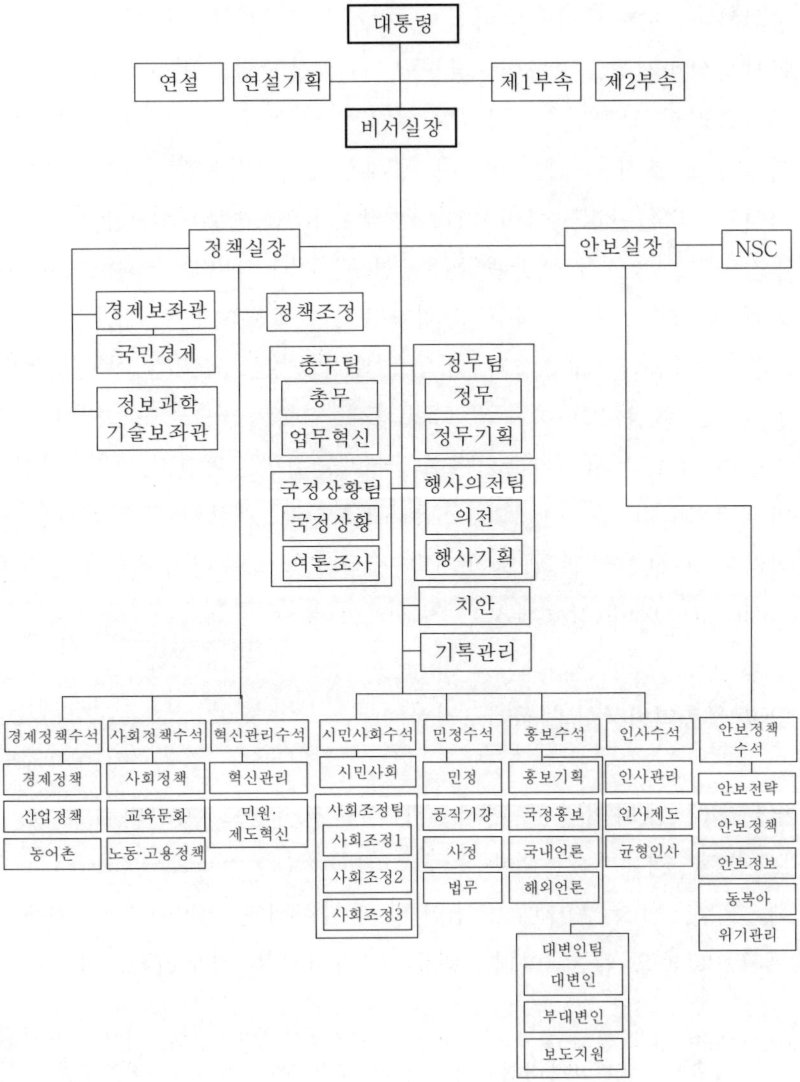

[그림 4-1]에서와 같이 비서실장(장관급)은 비서실 전체를 총괄 지휘하며, 시민사회수석비서관, 민정수석비서관, 홍보수석비서관, 인사수석비서관, 총무팀, 정무팀, 국정상황팀, 행사의전팀, 치안, 기록관리를 관장한다. 정책실장(장관급)은 주요 정책과제를 모니터링하고 조정을 담당하는데 경제정책수석비서관, 사회정책수석비서관, 혁신관리수석비서관, 경제보좌관, 정보과학기술보좌관을 관장한다. 안보실장(장관급)은 안보정책수석비서관(최근 외교보좌관과 국방보좌관 직위 통합했음)을 지휘하며 국가안전보장회의를 주관한다. 대통령과 가족에 대한 지원(부속1실, 부속2실)과 연설 및 연설기획 기능은 대통령에 직속기능으로 분류된다. 대통령비서실은 정책기획위원회, 국가균형발전위원회, 정부혁신지방분권위원회 등 11개의 국정과제추진에 관한 자문위원회를 지원하는 사무인력을 관장한다.[6] 경호실은 대통령비서실과 별도로 설치, 운영되며 경호실장은 장관급이다.

2) 국무총리비서실과 국무조정실

국무총리 보좌기관은 비서실과 국무조정실로 이원화되어 있다. [그림 4-2]에서와 같이 국무총리비서실은 비서실장(차관급) 하에 정무, 민정, 공보 등 3인의 수석비서관(1급)과 의전비서관, 혁신기획관을 두고 있다. 정무수석비서관은 정무기획, 정무1, 정

6) 2007년 9월 현재 정책기획위원회, 국가균형발전위원회, 정부혁신지방분권위원회, 동북아시대위원회, 교육혁신위원회, 건설기술건축문화선진화위원회, 농어업농어촌특별대책위원회, 양극화민생대책위원회, 저출산고령사회위원회, 아시아문화중심도시조성위원회, 동북아의 평화를 위한 바른역사정립기획단 등 11개 자문기구가 운영되고 있다.

무2 비서관을 두면서 국무총리비서실의 업무를 총괄하고 국회·정당·공직선거 관련 업무와 국무총리 주재 회의를 지원한다. 민정수석비서관은 민정1, 민정2, 시민사회 비서관을 두면서 주요정책 현안과 여론파악 그리고 시민사회 관계 업무를 수행한다. 공보수석비서관은 공보, 홍보기획 비서관을 두면서 국무총리의 국정수행에 대한 언론취재 활동 지원과 기자회견, 국무총리 연설 관련 업무를 수행한다.

[그림 4-2] 국무총리비서실 조직도

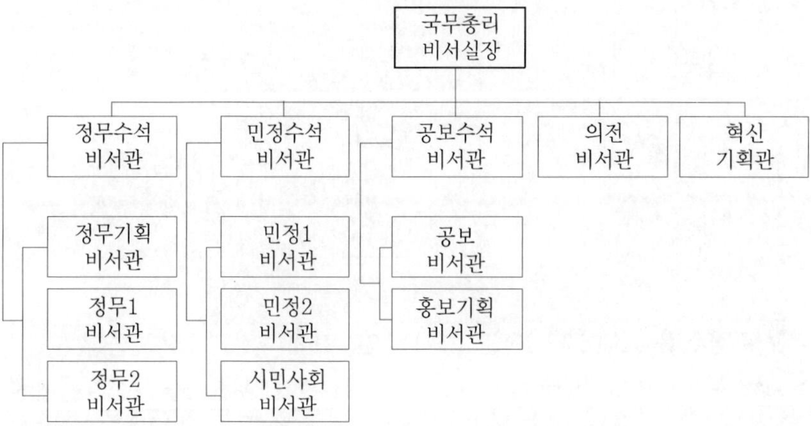

[그림 4-3] 국무조정실 조직도

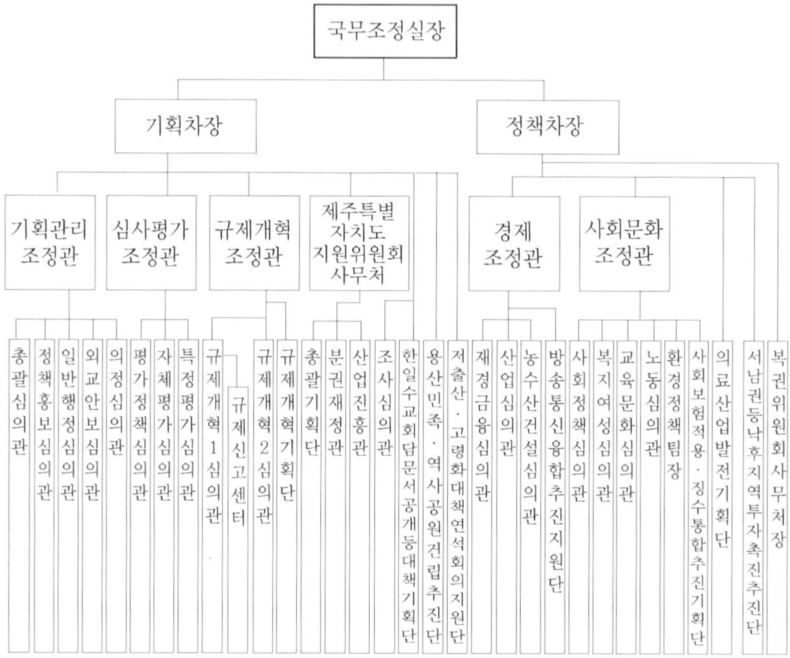

국무조정실은 2003년 6월 차관급인 기획차장과 정책차장을 신설하면서 조직을 확대하였다. [그림 4-3]에서 보듯 국무조정실장(장관급) 하에 기획차장과 정책차장(차관급)을 두고 있다. 기획차장 하에 기획관리, 심사평가, 규제개혁 등 3인의 조정관(1급), 조사심의관, 제주특별자치도지원위원회 사무처장과 한일수교회담문서공개대책기획단, 용산민족역사공원건립추진단, 저출산·고령화대책연석회의지원단을 두고 있다. 정책차장 하에 경제, 사회문화 등 2인의 조정관과 의료산업발전기획단, 서남권등낙후지역투자촉진추진단, 복권위원회사무처장을 두고 있다. 국무조정실은 통상적인 업무가 아닌 수시로 등장하는 긴급 현안과제에 관한 임시조직 성격의 기획단 · 지원단 · 추진단 · 위원회의 사무처 기능을 수행하고 있다.[7)]

노무현 정부 출범 이후 인력은 지속적으로 늘어나 2002년 말 국무총리실 소속 직원은 238명이고 전체직원(파견직원 포함)은 389명이었는데 2007년 9월 현재 국무총리실 소속 직원은 340명이고 전체직원은 651명으로 급증하였다(매일경제 2007년 10월 10일 기사).

2. 현 조직의 문제점

노무현 정부 출범 이후 단일 중앙행정기관이 수행하기 힘든 과제들이 지역단위와 전문집단별로 대폭적으로 발생하여 해소될 기미가 보이지 않았거나 대통령자문 국정과제위원회가 범정부적 과제를 적극적으로 발굴하면서 부처 상위의 정책조정 수요가 급증하였다. 이에 따라 다양한 수준의 기획조정 · 지원 기능의 사무조직이 대통령비서실과 국무총리실에 설치되었다.

대통령과 국무총리를 직접적으로 보좌하는 조직으로 대통령비서실, 국무총리비서실, 국무조정실이 중첩적으로 설치되어 있어서,

7) 언급된 기획차장과 정책차장에 직속된 임시조직 외에도 조정관에 소속된 규제개혁기획단, 방송통신융합추진지원단, 사회보장적용징수통합추진기획단 등이 명시적인 조직으로 나타나 있고, 국무조정실의 통상적인 심의관들도 조직도에 나타나지 않은 정보화추진위원회 등 각종의 심의자문 위원회의 지원단 · 사무국 기능을 수행하고 있다.

대통령과 국무총리 간의 업무범위 설정에 대한 긴밀한 협의가 이루어지지 않으면 업무중복이나 업무사각지대가 발생할 가능성이 있다. 대통령과 국무총리의 관심이 높은 업무는 중복적으로 수행되고, 복잡하고 수행하기 힘든 업무는 두 기관 사이에서 미루어질 수도 있다. 현재 대통령비서실의 정책실장 하에 경제정책수석비서관, 사회정책수석비서관이 있는데 유사한 형태로 국무조정실의 정책차장 하에 경제조정관, 사회문화조정관이 있으며 이들 부서간의 업무 차별성은 높지 않다고 판단된다. 대통령비서실장 하에 시민사회, 민정, 홍보, 인사 수석비서관, 정책실장 하에 혁신관리수석비서관을 두고 있는데 유사하게 국무총리비서실장 하에 정무, 민정, 공보 수석비서관과 의전비서관, 혁신기획관을 두고 있다. 대통령비서실의 민정수석비서관 하의 공직기강비서관과 국무조정실의 조사심의관의 기능도 유사하다고 볼 수 있다. 대통령 자문 저출산고령사회위원회와 국무조정실이 지원하는 저출산고령대책연석회의는 사실상 유사한 기능을 수행하고 있다고 본다. 이러한 대통령비서실과 국무총리실 간의 중복적 조직체계는 정부 최고의사결정의 효율성을 저해하고 있다고 판단된다. 부처 간의 갈등의 조정은 물론 부처의 주요 정책에 대한 최종적 최고 권위의 결정이 지연되거나 일관성이 낮아지면서 정책혼선과 표류의 가능성을 높이게 된다.

부·처·청·위원회들도 새로운 정책 기조와 방안이 나올 때마다 기능재조정과 기존 인력 재배치 방법보다는 기존 기능과 조직을 그대로 둔 채 새로운 정책기조와 정책방안 추진을 위한 정원의 확대, 직급의 상승을 도모하여 왔다. 예로서 정부혁신이 강조되면서 '혁신기획관'이 신설되었고 대국민서비스, 대국민 홍보, 외교 및 교민 서비스, FTA 대응 등을 이유로 지속적으로 공무원 정원과 조직 규모가 늘어났다. 과거 1~3급 직급제와 현재 운영되고 있는 고위공무원단 제도를 비교해 보면 직무상 가급 직위수가 과거 1급 직위 수에 비해 늘어났는데 보이지 않는 직급 인플레이션으로 해석할 수 있다.

3. 대통령 지원 조직

1) 대통령과 국무총리 지원 조직 통합 방안 검토

헌법상 국무총리는 내각제 또는 이원정부제 하의 총리와 같은 성격의 위상과 지위를 갖고 있다고 보기 어렵다. 헌법 제86조 제2항에서 '국무총리는 대통령을 보좌하며, 행정에 관하여 대통령의 명을 받아 행정각부를 통할한다'고 규정되어 있어 행정각부를 통할하는 권한을 가지고 헌법 제87조에서 국무위원 임명 제청권, 해임건의권을 규정하고 있으나 실질적인 국무위원 임면에 대한 국무총리의 관여는 대단히 제한적이라는 의견이 지배적이다. 일부 국무총리의 경우 국무위원(장관) 임명에 적극적으로 의견을 개진하였으나 이는 대통령의 의중과 다르지 않았기 때문이라고도 해석할 수 있다. 대통령제 하에 국무총리를 두는 경우는 이집트의 예가 있으나 OECD 가입국에서는 대한민국이 유일하고 대한민국의 대통령은 제왕적 대통령으로 불릴 정도로 매우 강력한 권한을 행사하고 있기 때문에 국무총리는 대통령의 신임에 전폭적으로 의존하고 있다고 볼 수 있다. 1987년 제정된 현행 헌법 하에서 대통령의 신임에서 벗어나서 자율적 권한을 행사한 국무총리가 존재하였다고 보기 어렵다. DJP연합 하의 김종필 총리, 노무현 정부의 이해찬 총리조차도 대통령의 개별적 권한위임(Empowerment) 바탕에서 제한적인 결정 권한을 행사하였다고 볼 수 있다.

대한민국의 헌법 제88조에서 국무총리는 국무회의 부의장이고 대통령이 불참하는 경우 의장의 역할을 하고 있지만 여전히 대통령이 의장이므로 부의장의 역할은 제한적이라고 볼 수밖에 없다. 따라서 그 동안 정치권이나 정치학계에서 논의된 책임총리제·분담총리제 등은 선거에 의해 선출되지 아니한 국무총리에게 대통령의 권한의 일정 부분을 넘기는 것으로 민주정치 이념에 반한다고 판단된다. 따라서 국무총리 권한을 강화하고 국무총리실 기능을 강화하는 방향의 조직개편은 적절하지 않다고 판단된다.

대통령과 국무총리를 보좌하는 최고의사결정 조직을 이원화하는 것은 정책결정의 일관성과 효율성 측면에서 심각한 문제를 발생시키게 된다. 국무총리실이 실질적 결정을 하는 경우에는 대통령비서실과 국무총리실의 이원적 결정에 따른 또 하나의 조정의 비용이 발생하게 되고, 국무총리실이 형식적 결정을 하는 경우 국무총리실 경유에 따른 의사결정의 지연이라는 비효율성을 낳게 된다.

현재의 대통령비서실과 국무총리비서실·국무조정실 간의 기능 중첩을 해소하기 위해 대통령과 국무총리를 통합적으로 보좌하는 기구를 설치하는 방안을 대안으로 검토할 수 있다. 미국의 대통령실(White House), 내각제 선진국가의 총리실(Chancellery) 또는 내각실(Cabinet Office)을 참고로 하였다.

현행 대통령비서실, 국무총리비서실, 국무조정실을 통합하여 '국무실'이라는 이름의 최고의사결정 보좌기관을 신설하는 안을 검토하기로 한다. 국무실 장관 하에 정무, 외교안보, 사회문화, 경제산업, 민정, 홍보(대변인), 총무, 인사 등 8인의 차관급 수석비서관을 두는 방안을 제시한다. 현재의 실장 · 수석비서관 · 보좌관 · 비서관 · 행정관 등 다소 복잡한 직급 명칭 체계를 간소화하여 장관-수석비서관-비서관-과장-사무관 체계로 정비하기로 한다.

현재의 대통령비서실의 대통령비서실장, 정책실장, 안보실장의 장관급 3실장 체제는 장관 상급 기관에 3인의 장관급을 두는 것으로 대통령을 가깝게 모시는 권력기관이 지나치게 직급이 높다고 본다. 국무실에 현재 국무조정실장까지 포함한다면 지나치게 크고 무거운 조직형태라고 볼 수 있다. 국방부, 외교통상부, 통일부 장관에 추가로 대통령비서실에 장관급 안보실장을 두는 것은 또 하나의 조정 비용을 발생할 수 있다. 대통령과 국방부 · 외교통상부 · 통일부 장관 등이 참석하는 국가안전보장회의의 활성화를 통해 안보 정책기능 조정이 가능하며, 간사 기능을 외교안보 수석비서관(차관급)이 수행하여도 무리가 없다고 판단된다. 현재 대통령비서실 내 정책실은 원래 국가전략적 기능을 수행하기 위해 제안되었으나 시간이 경과하면서 현재와 같이 수석비서관별로 관련 부처의 정책을 조정하는 것을 주 기능으로 삼는 형태로 변질되었다. 따라서 별도의 장관급 정책실장을 둘 실익이 없으므로 정무, 외교안보, 사회문화, 경제산업 수석비서관이 대통령과 국무총리를 직접적으로 보좌하는 형태를 취하는 것이 적절하다. 다만 이들 수석비서관의 업무는 현재와 같이 행정각부의 통상적인 정책 감독과 조정이 아닌 대통령 과제(Presidential Agenda)의 발굴과 관리 중심으로 이루어져야 할 것이다.

정무수석비서관을 두는 대신 정무를 담당하는 무임소 국무위원인 '정무장관(Minister of Political Affairs)'을 두는 방안을 검토해 볼 수 있다. 국무실 정무수석비서관의 경우 국무실장, 국무총리, 대통령을 지근거리에서 보좌하기 때문에 정무수석비서관의 잘못된 판단과 행동에 대하여 정치적 책임을 대통령이 직접 져야 하는 부담이 있다. 국무위원으로서 좀 더 재량적 판단과 행동을 할 수 있는 정무장관이 국회, 정당, 지방자치단체 관련 정무 업무를 수행하는 것이 오히려 대통령의 운신의 폭을 넓히는 방법이 될 수 있다. 새로운 국정 과제를 수행하기 위해서는 국회와 다수 정당과의 협력적 관계가 유지 발전되어야 하기 때문에 차관급 정무수석비서관보다는 정무장관이 더 적절할 수도 있다.

대통령과 국무총리의 순수 참모 기능의 경우 민정 수석비서관은 공직기강, 감찰, 법무, 민원 등의 기능을 수행하고, 홍보수석비서관은 대통령 및 국무총리의 대변인 역할을 하며 홍보기획, 대외

홍보 등의 기능을 수행하고, 총무수석비서관은 의전, 국무회의 지원, 국무실 행정지원, 대통령 · 대통령가족 · 국무총리 부속실 운영, 기록관리 등의 기능을 수행하고, 인사수석비서관은 정무직(장차관급) 및 이에 상당하는 군인·교원·대사, 공공기관의 장과 감사 등의 인사 기능을 담당한다. 참고로 경력직 고위 공무원 인사는 행정자치부에서 담당한다. 대통령부속실과 국무총리부속실은 성격상 대통령과 국무총리의 직속부서이나 부속실 직원 및 운영은 국무실 장관 하에 둔다.

현재 국가안전보장회의, 민주평화통일자문회의, 국민경제자문회의, 과학기술자문회의 등 헌법에서 제시된 자문기구의 사무처 기능 중 국가안전보장회의, 국민경제자문회의와 과학기술자문회의는 대통령비서실의 안보실장, 경제보좌관, 정보과학기술보좌관이 관장하고 있다. 정책기획위원회 등 11개 대통령 자문 국정과제 자문위원회 사무국 기능도 대통령비서실 방계조직으로 운영되고 있다. 국무조정실의 각종의 자문위원회와 추진단(기획단)도 국무총리실 직원이 총괄조정 기능을 담당하고 과제 관련 행정기관 공무원 및 공공기관의 직원이 파견되어 특정 전문 업무를 수행하는 형태로 운영되고 있다. 지나치게 많은 대통령비서실과 국무총리실 방계조직이 설치되어 있고 일부 조직들은 대통령/국무총리의 관심에서 멀어져 있어 회의도 자주 열리지 않아서 업무량에 비해 투입인력이 과다하다고 볼 수 있다. 일단 사무국 또는 기획단이 설치되면 단기간에 문제해결방안을 제시하고 해산할 수 있는 유연성을 상실하고 상당 기간 운영기간이 연장되면서 조직운영의 비효율성을 낳고 있다.

4개의 헌법적 자문기구 중에서 민주평화통일자문회의는 전국적으로 지역별 조직과 국외 지역조직도 포함하고 있는 다분히 남북한의 체제 경쟁 시대의 조직형태이다. 대폭적인 축소가 필요하며 다른 헌법적 자문기구와 같이 전문가 중심의 순수 대통령 자문기구로 개편되어야 한다.

현재와 같이 국가안전보장회의, 민주평화통일자문회의, 국가과학기술자문회의, 국민경제자문회의의 사무처 조직은 해당 회의체 보좌기능과 함께 외교안보수석, 사회문화수석비서관, 경제산업수석비서관 등 관련 수석비서관을 지원하는 기능도 함께 할 필요가 있다.

'국무실' 및 상위 조직

- 대통령
  - 대통령부속실(1급 상당)
  - (참고로 국무실과 별도조직으로) 대통령경호실(차관급), 국가정보실(장관급)
- 국무총리
  - 국무총리부속실(2급 상당)
- 국무실장
- 수석비서관(정무, 외교안보, 사회문화, 경제산업, 민정, 홍보(대변인), 총무, 인사)
- 비서관, 자문회의 및 국정과제위원회 비서관

수석비서관의 기능은 다음 <표 4-1>과 같다.

〈표 4-1〉 신설 수석비서관 기능과 현행 대통령/ 국무총리 보좌기관 기능 비교

개편 후 수석 비서관	수석비서관 기능	현행 대통령 비서실 기능	현행 국무총리 비서실 · 국무조정실 기능
정무*	국회, 정당, 지방정부 관계, 경찰, 재난관리, 보훈, 정책평가	정무팀, 치안비서관	정무수석비서관 일반행정심의관 심사평가조정관
외교안보	외교, 통일, 국방	안보실장, 안보정책수석비서관,	외교안보심의관
사회문화	교육, 과학, 문화, 보건복지 기획 평가	사회정책수석비서관	사회조정관, 심사평가조정관
경제산업	무역, 산업, 중소기업지원, 기술개발, 주거, 국토, 교통, 환경 기획 평가	경제정책수석비서관	경제조정관, 심사평가조정관
민정	사법, 공직기강, 사정	민정수석비서관	민정수석비서관,조사심의관
홍보	대변인, 대통령·국무총리 연설문, 홍보기획	홍보수석비서관	공보수석비서관, 정책홍보심의관
총무	의전, 국무실 업무지원, 행정관리, 부속실 지원	행사의전팀, 총무팀	의전비서관, 혁신기획관, 총괄심의관
인사	정무직, 공공기관 장 및 감사 인사	인사수석비서관	

* 정무수석비서관 대신 정무장관을 둘 경우 국회와 정당관계 업무는 정무장관(무임소국무위원)임 담당하고 행정수석비서관이 지방정부관계, 경찰, 재난관리, 보훈, 정책평가 업무를 담당하게 된다.

현재 국무조정실에서 수행하고 있는 규제개혁 및 정책평가 기능을 국무실로 그대로 이관하는 방안과 행정자치부로 이관하여 정

부개혁 기능과 함께 수행하게 하는 방안을 비교 검토할 수 있다. 업무의 효율성 측면에서는 행정자치부에서 수행하는 것이 유리할 수 있으나 중앙행정기관의 중요한 통제수단이라는 점과 기관의 이익에서 벗어나 보다 중립적인 입장에서 수행할 수 있다는 점에서 '국무실'이 수행하는 것이 바람직하기도 하다.

규제개혁 기능은 민간부문에 대한 정부의 규제를 완화하거나 폐지하고 신설규제에 대한 정부 자율적 통제 기능을 포함한다. 규제개혁은 정부의 조직 및 업무 개혁, 정부기능의 지방이양과 민영화 기능과 매우 밀접하게 연관되어 있다. 따라서 현재의 국무조정실의 규제개혁기능, 행정자치부의 행정개혁과 지방이양, 기획예산처의 민영화 등으로 분산적으로 수행하는 체계는 비효율적일 수 있다. 대통령자문 '정부개혁위원회'의 기획조정 하에서 행정자치부가 정부개혁 및 지방이양, '재무부'가 규제개혁 및 민영화 집행 기능을 수행하는 방안을 제시한다.

현재 정부가 수행하는 정책평가 기능은 대부분 연도별로 사전에 설정한 목표와 일정에 따라 정책 또는 사업이 제대로 진행되었는지를 점검 확인하는 모니터링의 성격이 강하다. 중앙정부의 정책이 실질적으로 정책대상 지역이나 집단에 효과 또는 결과를 낳기에는 1년이라는 기간이 너무 짧기 때문에 매년 평가한다는 것은 적절하지 않다. 따라서 정책의 성과・효과・영향을 평가하는 기능은 최소한 2~3년의 시기를 두고 보다 중립적인 기관에서 수행하는 것이 바람직하며, 이러한 이유에서 감사원과 국회예산정책처의 평가기능이 보다 강화되어야 한다고 본다. 감사원과 국회 예산정책처의 평가결과는 정부의 정책 및 예산 결정과정에 충실하게 반영되어야 할 것이다. 현재의 다기화된 모니터링 성격의 평가기능은 대폭적으로 줄일 필요가 있으며 예산과 연계된 재정성과관리 중심으로 통합될 필요가 있다.

2008년 2월 정부 출범 시점에서는 규제개혁 및 정책평가 기능 관련하여 현행 체제를 유지하되 정부 출범 후 국무실의 조직규모가 지나치게 큰 것을 감안하여 관련 법령의 제·개정을 통해 점진적으로 감사원과 행정자치부로의 기능 및 인력 이관도 검토할 수 있을 것이다. 현재 대통령비서실 약 530여명, 국무총리비서실 80여명, 국무조정실 약 500여명 인력을 통합하되 정원은 중복 기능을 감안하여 파견직원을 포함하여 약 700명 이내로 축소한다.

대통령경호실은 국무실과 통합할 수도 있으나[8] 업무의 기밀성을 감안하여 국무위원인 국무실 장관의 관할에 두는 것이 적절하지 않을 수 있다고 판단하여 현행과 같이 별도로 설치하되 경호실장의 직급을 차관급으로 하향조정하는 것이 적절하다. 대통령과 지근거리에서 보좌하는 성격상 높은 직급이 갖는 권력남용이라는 부작용을 최소화할 필요가 있다. 참고로 국가정보원도 원장이 부총리급 예우를 받고 있는데 장관급으로 조정할 필요가 있다(개편안에서 부총리제도 폐지하는 것 참고해야 함).

8) 김영삼 정부에서는 이전 정부에서 비대해진 경호실을 축소하고 경호실장도 장관급에서 차관급으로 격하하고 대통령비서실장 관할 하에 두었다.

2) 대통령비서실 설계

대통령비서실, 국무총리비서실, 국무조정실을 통합하여 '국무실'을 신설하는 방안에 대하여 국무총리 보좌기능이 사실상 사라지면서 대통령의 독주가 예상되고 국무총리가 헌법적으로 행정각부를 통할하므로 별도의 보좌기관을 두는 것이 적절하다는 관점에서 국무실 신설안에 대한 반대 의견이 많다. 헌법 개정으로 대통령제 하에서 국무총리를 폐지하지 않고는 '국무실' 설치안이 헌법적으로나 정치적으로 실현가능성이 높지 않다고 볼 수 있다.

헌법에서 별도로 국무총리를 규정하고 있고 '국무총리는 대통령을 보좌하며, 행정에 관하여 대통령의 명을 받아 행정각부를 통할한다'(헌법 제86조 제2항)에서 행정각부를 통할한다는 문장에 강조점을 둘 경우 대통령과 분리된 보좌기능을 받지 않고 통할하기를 기대하는 것은 무리라는 지적이 있다. 그리고 대통령비서실, 국무총리비서실, 국무조정실을 통합하는 대안보다 기존 대통령비서실과 국무총리실로 이원적으로 설치하되 조직 규모를 축소하는 대안이 훨씬 실현가능성 높은 대안일 것이다. 이 후부터는 국무실 대안 검토를 종료하고 대통령비서실(President's Office)과 별도로 국무총리실(Prime Minister's Office)을 두는 완화된 개편 방안을 선택한다. 먼저 대통령비서실 감축안을 검토하기로 한다.

대통령비서실은 외교국방 등 국가안보, 국가전략적 방향 제시, 정무직에 대한 충원과 통제 등의 기능에 집중하고 국무총리실은 일상적인 국정운영의 기획, 조정, 모니터링, 평가 업무를 담당한다. 정책입안과 결정 단계에서의 조정과 정책의 변경 사항은 대통령비서실이 담당하고 정책집행 단계에서의 통상적인 기관간 조정은 국무총리실이 담당한다.

현재의 대통령비서실의 대통령비서실장, 정책실장, 안보실장의 장관급 3실장 체제는 대통령을 가깝게 모시는 권력기관이 지나치게 직급이 높으며 크고 무거운 조직형태라고 볼 수 있다.

국방부, 외교통상부, 통일부 장관 외에 안보실장을 대통령비서실에 장관급으로 두는 것은 또 하나의 조정 비용을 발생할 수 있기 때문에 대안으로 대통령과 국방부·외교통상부·통일부 장관 등이 참석하는 국가안전보장회의의 활성화를 통해 안보 정책기능 조정이 가능하다고 보며 간사 기능은 외교안보 수석비서관(차관급)이 수행하여도 무리가 없다고 판단된다.

현재 대통령비서실 내 정책실은 원래 국가전략적 기능을 수행하기 위해 제안되었으나 시간이 경과하면서 현재와 같이 수석비서관별로 관련 부처의 정책을 조정하는 것을 주 기능으로 삼는 형태로 변질되었다고 본다. 행정 각부의 통상적 현안 파악 및 정책 조정 기능은 국무총리실이 수행해도 되므로, 정책실을 폐지하고 경제수석비서관, 과학기술보좌관이 대통령 과제(Presidential Agenda)의 발굴과 관리 기능을 수행하게 한다.

대통령비서실은 현행의 정책실과 안보실을 폐지하고 대통령비서실장(국무위원)과 정무, 외교안보, 경제, 민정, 홍보(대변인 겸임), 총무, 인사 등 7인의 차관급 수석비서관을 두며, 차관급 과학기술보좌관을 둔다. 수석비서관의 임무는 대폭 개편하는 국무실 대안에서 서술한 것과 유사하되 경제산업수석비서관과 사회문화수석비서관 대신 경제수석비서관과 과학기술보좌관을 둔다. 경제수석비서관은 거시경제 정책을 주도하고 국민경제자문회의의 주관하며, 과학기술보좌관은 국가과학기술자문회의를 주관한다. 대통령이 국무회의를 주재하므로 대통령비서실의 총무수석비서관이 국무회의의 의안 작성 등 지원 기능을 한다.

대통령의 순수 참모 기능의 경우 민정수석비서관은 공직기강, 감찰, 법무, 민원 등의 기능을 수행하고, 홍보수석비서관은 대통령의 대변인 역할을 하며 홍보기획, 대외홍보 등의 기능을 수행하고, 총무수석비서관은 의전, 국무회의 지원, 대통령비서실 행정지원, 대통령·대통령가족 부속실 운영, 기록관리 등의 기능을 수행하고, 인사수석비서관은 정무직(장차관급) 및 이에 상당하는 군인·교원·대사, 공공기관의 장과 감사 등의 인사 기능을 담당한다.

현재 국가안전보장회의, 민주평화통일자문회의, 국민경제자문회의, 국가과학기술자문회의 등 헌법에서 제시된 자문기구의 사무처 기능 중 국가안전보장회의, 국민경제자문회의와 과학기술자문회의는 대통령비서실의 안보실장, 경제보좌관, 정보과학기술보좌관이 관장하고 있다. 정책기획위원회 등 11개 대통령 자문 국정과제 자문위원회 사무국 기능도 대통령비서실 방계조직으로 운영되고 있다. 국무조정실의 각종의 자문위원회와 추진단(기획단)도 국무총리실 직원이 총괄조정 기능을 담당하고 과제 관련 행정기관 공무원 및 공공기관의 직원이 파견되어 특정 전문 업무를 수행하는 형태로 운영되고 있다. 지나치게 많은 대통령비서실과 국무총리실 방계조직이 설치되어 있고 일부 조직들은 대통령/국무총리의 관심에서 멀어져 있어 회의도 자주 열리지 않아서 업무량에 비해 투입인력이 과다하다고 볼 수 있다. 일단 사무국 또는 기획단이 설치되면 단기간에 기획조정 방안을 제시하고 해산할 수 있는 유연성을 상실하고 상당 기간 운영기간이 연장되면서 조직운영의 비효율성을 낳고 있다.

4개의 헌법적 자문기구 중에서 민주평화통일자문회의는 전국적으로 지역별 조직과 국외 지역조직도 포함하고 있는데 다분히 남북한의 체제 경쟁 시대의 조직형태이고 대폭적인 축소가 필요하며 다른 헌법적 자문기구와 같이 전문가 중심의 순수 대통령 자문기구로 개편이 요구된다.

현재와 같이 국가안전보장회의, 민주평화통일자문회의, 과학기술자문회의, 국민경제자문회의의 사무처 조직은 해당 회의체 보좌 기능과 함께 외교안보수석비서관, 과학기술보좌관, 경제수석비서관 등 관련 수석비서관·보좌관을 지원하는 기능도 함께할 필요가 있다.

현재의 국정과제 자문위원회 수는 지나치게 많다고 보며, 대통령의 관심을 지속할 수 있는 범위의 수로 약 5개 정도가 적당하다. 임시적 국가전략과제 조정·자문위원회를 설치하면 1년 이내의 기간 동안 운영하고 마지막에 정책보고서를 제출하면서 해체하는 것이 바람직하다. 현 시점에서 4개 헌법적 자문기구 외에 정부개혁위원회(기관운영 자율화, 지방분권, 규제완화, 민영화 등 기획)와 FTA전략위원회 등은 대통령 임기 동안 계속되는 상시적 자문기구로 설치해도 무방하다고 본다. 일자리창출, 창의산업, 교육선진화, 대북협력 등 대통령과제별로 임시적 자문기구가 운영될 수 있으며 과제 성격과 비중에 따라 국무총리가 위원장으로 활동할 수 있을 것이다. 각 국정과제 자문위원회의 사무국은 대통령비서실 직원과 관련 행정·공공기관의 파견 직원으로 구성하되 사무국장은 대통령비서실 비서관으로 보임한다.

대통령비서실 조직도

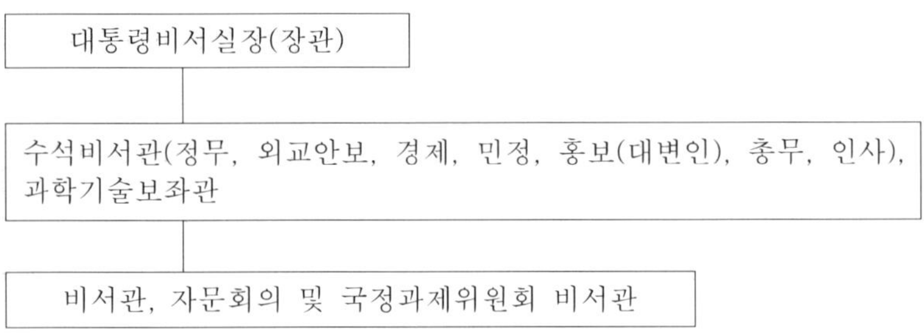

대통령비서실의 조직과 인력을 대폭 줄인다. 장관급 비서실장-정책실장-안보실장 3두체제를 비서실장 체제로 개편하고 정책실의 통상적 국정 모니터링과 정책조정 기능은 국무총리실로 이관한다. 국가안보와 정책기획 기능 중심으로 대통령비서실을 개편하고 민간전문가 집단의 대통령 자문기능을 활성화한다. 대통령경호실은 현행 장관급을 차관급으로 조정한다.

4. 국무총리 지원 조직

국무총리의 국정업무 평가 기능은 강화하고 정무 및 공보 기능을 축소한다. 국무총리비서실과 국무조정실을 국무총리실로 통합하면서 조직과 인력을 줄이고 현행 국무총리비서실의 정무수석, 민정수석, 공보수석 비서관 기능은 대폭 축소하고 국무조정실 기능 중심으로 개편한다. 국무총리실장(장관급)은 차관회의를 주관하면서 기관 간 정책이견에 대하여 실질적인 조율을 하게 된다. 국무총리실장 하에 기획차장, 사회문화차장, 산업공간차장 등 3인의 차관급 차장을 두는데 기획차장은 국무총리 비서기능과 국무총리실 총괄지원 기능을 수행한다. 사회문화차장과 산업공간차장은 기관간 업무조정, 정책평가, 규제관리, 다부처 협력과제 추진 기능을 수행한다.

국무총리실장(장관급) 하에 차관급으로 기획차장, 사회문화차장, 경제산업차장을 둔다. 국무총리실장은 국무위원이 아니지만 국무회의에 상시 배석하며 차관회의를 주재하면서 부처간 정책조정의 실무 업무를 총괄한다. 기획차장은 국무총리의 공보·연설·정무 지원 등 현재의 국무총리비서실장의 기능과 차관회의 의안 작성 등의 지원 기능을 수행한다. 사회문화차장은 외교안보, 법무행정자치, 교육과학, 문화, 통신, 보건복지, 노동 등 행정기관, 산업공간차장은 산업, 국토교통, 환경 등의 행정기관의 정책에 대하여 동향을 모니터링하고 기관 간 갈등을 조정하고 정책 성과를 관리한다.

5. 국무회의와 정책조정

국무회의는 대통령비서실에서 주관하고 차관회의는 국무총리실에서 주관하는데, 대통령비서실과 국무총리실의 원활한 소통을 위해 대통령비서실장, 총무수석비서관, 국무총리실장, 기획차장이 참석하는 4인회의를 매일 개최한다. 부총리와 책임장관제도를 폐지하면서 국무총리, 대통령비서실장, 국무총리실장의 정책조정 역할을 강화되게 된다.

1) 국무위원

현행 국무회의는 대통령, 국무총리, 18부 및 기획예산처 장관 등 21인으로 구성되며 국무조정실장, 법제처장, 국정홍보처장 등 다수의 장차관급 인사가 배석하고 있다. 현재의 21인의 국무회의 위원 수는 선진국과 비교하면 다소 많다고 볼 수 있다. 선진국 내각(cabinet)은 미국의 대통령, 부통령, 部 장관 15인, 일본의 총리와 장관 13인,[9] 영국의 총리와 장관 19인,[10] 독일의 총리와 장관 15인,[11] 프랑스는 대통령, 국무총리, 장관 15인으

9) 총리와 1부 12성 장관 외에 4명의 특정업무의 기획조정을 전담하는 특명장관이 있는데 이들은 이전 한국정부의 무임소장관(정무장관)과 유사하다고 볼 수 있다.

10) 영국 고든 브라운 정부는 내각실과 18부 장관 외에 추밀원이 있다. 18부에는 북아일랜드부, 웨일즈부, 스코틀랜드부 등 자치지역 담당 3개 부가 포함되어 있는 것을 고려하여야 한다.

11) 독일 메르켈 내각에는 총리실과 14부의 장관이 있다.

로 구성되어 있다. 내각회의에는 내각장관(내각실과 각부 장관) 이외 고위직 인사들도 참석한다.12)

한국의 경우 현행 헌법 하에서는 행정 각부 장관을 국무위원 중에서 임명하여야 하고(제94조) 국무위원의 수는 15~30인으로 정하고 있어서(제88조 2항) 대통령비서실 및 행정 각부 장관을 15~16인 정도로 헌법이 정한 범위에서 최소화 수준을 지키는 것이 적절하다고 판단한다. 대통령과 국무총리를 포함하여 17~18인 정도가 회의에서 일정 수준의 토의가 될 수 있는 최대치로 볼 수 있다. 국무위원 수를 15~16인으로 정하게 되면 행정 각부는 국무위원 수를 넘을 수가 없기 때문에 대통령비서실을 제외하면 행정 각부는 14~15개 정도 규모로 모색하게 된다. 새 정부의 국무회의는 대통령과 국무총리 그리고 대통령비서실장 및 14~15부 장관으로 구성된다.

이승만 · 박정희 · 전두환 · 노태우 · 김영삼 등 역대 정부에서는 무임소장관(minister without portfolio) 또는 정무장관을 두었다. 무임소 장관은 행정기관을 맡지 않고 국회 · 정당관계, 여성정책, 대통령 특별의제 등을 담당하였는데 새 정부에서도 국회 · 정당관계와 대통령 특별의제를 담당하는 무임소장관을 둘

12) 내각(cabinet) 또는 장관회의에 참석자를 본다면, 미국 연방정부는 대통령, 부통령, 15인의 각부장관으로 총 17인이나 부시 행정부에서는 4인의 장관급 기관장과 비서실장이 추가된다. 일본은 총리대신과 내각관방, 총무대신 등 13인의 부·성 대신과 4인의 특명대신을 포함하여 18인이 내각에 참석한다. 우리나라 국무회의에는 대통령, 국무총리, 19인의 국무위원 등 총 21인이 참석하고 대통령비서실장, 국무조정실장, 총리비서실장, 법제처장, 서울특별시장 등 10여인이 배석하고 있다.

수 있다. 국무회의 구성원을 17~18인으로 한정하면서 1~2인의 무임소국무위원을 둘 경우에는 행정각부의 수를 12~14부로 대폭 축소하는 과감한 大部主義 형태의 조직을 설계하여야 한다.

2) 부총리제 폐지

정부조직법 제19조의2에서 국무총리가 특별히 위임하는 사무를 처리하게 하기 위하여 3인의 부총리를 두는데 경제정책, 인적자원정책, 과학기술혁신정책에 관하여 부총리는 국무총리의 명을 받아 관계각부를 총괄·조정한다고 규정하고 있다. 현재의 경제·교육·과학기술 부총리제도나 부총리 3인에 보건복지부 장관, 통일부 장관을 추가 포함한 부총리·책임장관회의(경제, 교육인적자원, 과학기술, 사회문화, 통일)는 대통령, 국무총리, 장관 사이의 또 하나의 계층으로 작용할 가능성이 매우 높다.

헌법에서 국무총리와 행정 각부 사이에 조정을 위한 별도의 계층을 두지 않고 있기 때문에 부총리 또는 사전적으로 고정된 책임장관을 두는 것은 적절하지 않고 大部主義에 의한 部의 장관이 항상 직접 국무총리와 협의하는 방식이 바람직하다는 점에서 부총리와 책임장관 제도는 폐지되는 것이 마땅하다. 참고로 싱가포르의 2인의 부총리제도를 제외하고는 선진국의 경우 부총리제도는 대단히 예외적으로 운영되고 있다.

3) 국무회의 활성화

국무총리실이 차관회의를 주관하고 대통령비서실이 국무회의를 주관한다. 현재 차관회의는 매주 목요일 오후에 개최되고 국무회의는 매주 화요일 오전에 개최된다. 현재 차관회의와 국무회의는 매주 1회 정기회가 개최되고 있는데, 앞으로는 매주 2~3회 정도로 보다 자주 개최될 필요가 있다.

국무회의는 대통령비서실의 총무수석비서관이 준비하게 된다. 3회(월, 수, 금) 개최될 경우 회의가 없는 날(화, 목)은 특정 의제 관련한 국무위원과 대통령 또는 국무총리가 만나서 협의하는 국무위원 간담회를 가질 수 있다.

대통령, 국무총리, 국무위원이 상시적으로 만나 협의하고 회의하기 위해서는 대통령, 국무총리, 국무위원의 집무실은 매우 가깝게 위치하여야 하며, 장기적으로는 선진국의 예와 같이 정부거리(Government Street) 또는 정부광장(Government Square)과 같은 공간이 확보되어야 한다.[13] 현재 장관들이 세종로 인근 청사와 과천청사로 나누어 있는 것은 바람직하지 않으며, 단기적으로는 청와대, 정부중앙청사, 중앙청사 별관 인근 지역에 보다

---

13) 미국 워싱턴 D.C.의 백악관, 의회, 대법원 등 각종의 연방정부는 Federal Triangle 또는 National Mall로 불리는 지역에 몰려있고 영국의 총리관저인 다우닝가 10번지 건물은 페르멜·화이트홀가의 각종 정부건물, 웨스터민스터의 의회, 버킹검궁과 매우 가까운 곳에 위치하고 있으며, 일본의 중앙정부 청사는 카수미가세키가에 밀집되어 있다.

많은 중앙정부 관청 공간으로 확보하여 보다 많은 장관이 대통령과 국무총리와의 공간적 거리를 축소할 필요가 있다.

차관회의와 국무회의를 활성화할 경우 기관 간 업무조정이 보다 효과적으로 이루어질 수 있고, 현행 부총리와 책임장관이 조정하는 사안에 관한 조정 방식은 국무총리가 국무회의 회의 전후에 주요 사안에 관련된 장관들과 간담회 형태로 관계장관 간담회를 열어 조율하는 방식으로 대체될 수 있을 것이다. 궁극적으로는 국무회의에서 위원 간의 토의가 활성화되어 국무회의가 내각제의 내각회의 수준으로 실질적 정책결정 기능을 가져야 할 것이다.

6. 소 결

대통령과 국무총리 보좌기관을 통합하는 경우, 국무실은 대통령, 국무총리, 국무회의를 보좌하고 국가 주요정책의 방향과 행정기관 간 정책조정 및 성과관리를 총괄한다. 국무실은 국가안전보장회의, 정부개혁위원회 등 국가안전·통일·경제·과학기술·지방분권·규제완화·민영화·교육개혁 등의 국정과제 자문기구를 지원하는 기능을 수행한다. 부총리제도는 폐지하며, 국무총리는 기관간 갈등을 조정하는 기능하는 본연의 역할과 함께 대통령과의 개인적 관심과 전문성을 바탕으로 대통령에 의해 설정된 일정 역할을 수행한다.

헌법적 문제로 대통령과 국무총리 보좌기관을 통합하는 안을 포기하고 대안으로 최고의사결정 보좌기구를 대통령비서실과 국무총리실로 이원화하는 안을 선택한다. 대통령비서실은 외교안보, 국정 주요정책의 방향 설정, 대통령 과제(Presidential Agenda)의 기획, 정책입안 단계에서의 조정에 집중하며 집행 단계에서의 통상적인 업무조정 기능은 국무총리실에서 담당한다. 양 보좌기관의 연계를 강화하기 위해 대통령비서실장, 총무수석비서관, 국무총리실장, 기획차장 등은 상시적으로 만나야 한다.

제 5 장 총괄지원통제 기능

현행 총괄지원통제 기능을 수행하고 있는 행정기관은 행정자치부, 중앙인사위원회, 기획예산처, 법제처, 국정홍보처, 감사원, 국민고충처리위원회, 재정경제부(회계국고 기능), 통계청, 조달청 등으로 볼 수 있다.

1. 현행 조직의 문제점

민간부문과 지방으로 권한과 기능을 전반적으로 이양하기 위해서는 중앙정부 조직을 가볍게 설정할 필요가 있다. 특히 각 부문별 정책결정을 담당하는 部와 대통령비서실·국무총리실을 지원하는 참모 성격의 총괄지원통제 기능 조직은 좀 더 가벼워야 한다.

조직이 지나치게 세분화되면 정책수요의 급속한 변화에 따라 정부조직을 빈번히 개편하여야 하고, 조직생존이나 규모유지를 위해 공직자들이 지나친 시간과 노력을 경주하게 되어 본업인 정책결정과 집행이 제대로 이루어지지 않게 된다. 일정 조직, 인력, 예산 규모를 확보해야 각부 장관이 소신을 가지고 정책을 운영할 수 있다. 기관별 정책기획과 예산운영 기능을 강화하고 정책수요 변화에 따른 조직과 인력의 개편이 신속히 이루어지게 장관의 권한과 책임을 확대하여야 한다. 중앙행정기관별 조직규모(실 · 국 · 과), 직급별 인원, 총액예산을 설정하고 그 범위 안에서 조직의 명칭이나 업무, 인력 배치, 예산배정의 자율성을 보장하는 장관의 직제권 부여 제도, 총액예산제도를 강화하여야 한다.

총괄지원통제 기능의 조직은 대폭 줄여서 영역별 정책을 담당하는 조직에 대한 관여 정도를 줄인다. 이미 행정정보시스템을 통해 업무 총괄기능을 상당 수준 구조화하였기 때문에 정부 스탭 기능을 줄여도 크게 문제되지 않는다.

2. 행정관리와 예산 기능 통합 검토

1) 개 관

기획예산처의 예산기능을 재정경제부의 국고관리 · 회계 기능과 통합하는 방안과 행정자치부의 행정개혁 기능과 통합하는 방안을 검토할 수 있다. 미국의 관리예산실(Office of Management & Budget)과 오스트레일리아의 재정행정부(Department of Finance & Administration)를 제외하고는(미국과 오스트레일리아에는 별도의 재무부 있음) 영국, 일본, 독일 등 대부분의 OECD 가입 국가에서는 재무부(Ministry of Finance 또는 Treasury)가 재무 기능의 하나로 예산을 담당하고 있다. 1960년대 경제기획원 설립 이래 예산기능을 재무기능과 분리하였다가 일시적으로 김영삼 정부에서 경제기획원과 재무부를 통합한 재정경제원을 설치하여 통합하기도 하였으나 현재는 기획예산처와 재정경제부로 분리되어 운영된다. 이러한 예산편성 기능을 세입과 결산 기능과 분리한 데에는 정부 재원에 대한 강력한 통제 권한을 분리하는 것과 예산의 전략적 정부기관 통제 기능을 활용한다는 의도가 담겨있다고 본다.

2) 행정예산부 대안 검토

미국과 오스트레일리아와 같이 행정관리와 예산기능을 통합적으로 수행하는 행정예산부 대안을 제시할 수 있다. 현재 디지털예산회계시스템이 가동되면서 세입과 세출 결산의 기능이 하나의 정보시스템으로 통합되어 있으나 정보시스템 운영은 재무담당기관(재무부)이 수행하되 예산편성 기능은 별도로 정보시스템 활용 차원에서 분리가 가능하다는 점을 고려하여 행정자치부의 조직인사를 제외한 기능과 기획예산처 전 기능을 통합하는 방안을 검토할 수 있다.

신설 행정예산부(Ministry of Administration and Budget)는 행정관리, 예산 기능과 함께 정부업무 혁신, 전자정부, 지방이양, 공공기관 개혁, 민영화를 통합적으로 추진할 수 있다. 즉 노무현 정부의 정부혁신 및 전자정부, 공공기관 경영평가의 추진 방향을 수정 보완하여 발전시키며 노무현 정부에서 묻어둔 공기업의 민영화, 공공기관의 민간화 작업을 재개한다. 행정예산부는 법제, 국정홍보, 통계 기능도 통합하여 행정예산의 전 관리 과정을 통합하여 수석 部로서 대통령, 국무총리를 실질적으로 보좌하는 기능을 수행한다.

다만, 인사기능까지 통합하면 지나치게 기능이 비대하다고 판단하여 인사기구는 별도로 둔다. 정부조직, 공무원 직제 및 정원, 공무원 복리 및 연금, 공직자윤리 등의 조직인사 기능을 인사실(중앙인사위원회를 개편할 경우) 또는 중앙인사위원회로 이관하여 인사조직 행정을 일원화한다.

행정예산부 장관은 대통령비서실·국무총리실과 행정 각부의 교량역할을 한다. 제1차관은 총괄 및 행정자치, 국정홍보를 담당하고, 제2차관이 예산 및 정부 및 공공부문 개혁을 담당하고, 제3차관이 법제를 담당하게 한다. 행정예산부 조직은 장관, 차관(3인), 차관보, 기획조정실, 국정홍보실, 자치지원국, 지방재정국, 정부개혁실(전자정부 포함), 공공개혁실, 예산실, 법제실 등의 5실 2국 체제로 설치한다. 법제실의 여러 심의관과 분리하여 행정심판위원회 사무국장을 둔다. 행정심판위원회 위원장은 법제담당 차관이 담당할 수도 있으나 행정심판의 독립성을 고려하여 별도의 상임직 차관급으로 둔다.

3) 행정자치부와 재무부 대안

현행 행정자치부와 중앙인사위원회를 통합하여 새로운 '행정자치부'를 설치하고, 재정경제부의 세제·국고 기능과 기획예산처 예산 기능을 통합하여 '재무부'를 설치하는 방안을 제시할 수 있다. 개혁 추진 기능 관련하여 정부 및 지방정부에 관련된 정부업무혁신과 지방이양은 행정자치부가 추진하고 정부와 민간 관계에 관련된 규제개혁과 민영화는 재무부가 추진한다.

행정자치부는 수석 部로서 현 행정자치부의 조직, 지방자치 지원, 지방재정, 정부혁신 기능에 중앙인사위원회의 인사 기능, 법제처의 법제기능, 국정홍보처의 국정홍보 기능을 통합하여 수행한다.

재무부가 예산, 세제, 국고 등 재정 기능을 통합하면서 금융정책 기능을 함께 가질 경우 조직이 너무 비대하다는 비판을 받을 수 있다. 따라서 재무부에서 금융정책 기능을 분리하여 현재 금융감독위원회(및 금융감독원) 기능을 통합하여 새로운 금융정책·감독 기구를 설립한다. 금융정책 및 감독 기능은 급변하는 세계자본시장의 흐름 속에서 대단히 전문적으로 수행되어야 한다. 금융감독청과 금융감독원의 경우 법제 기능을 재무부에서 수행할 수밖에 없기 때문에 시장 지식정보 획득과 업무처리의 효율성 차원에서 법제 기능을 함께 수행하는 금융위원회 대안을 우선적으로 고려하기로 한다.

4) 소속 기관 검토

조달청의 경우 지출 서비스 성격이 있으나 회계적 성격을 감안하여 재무부(재정경제부 재편) 소속을 그대로 두기로 한다. 현재 행정자치부 소속의 경찰청은 개편된 행정자치부 소속으로 하거나, 국민안전 기능을 총괄하는 部를 신설하여 신설 '국민안전부' 소속으로 두는 방안을 검토할 수 있다.

현재 재정경제부 소속의 통계청은 경제 외의 다양한 사회 지역통계를 생산해야 한다는 점에서 행정자치부로 소속을 변경하는 것이 적절하다. 통계청에서 수행하는 지역통계 등 지방자치단체가 주도적으로 수행할 수 있는 기능은 과감히 지방자치단체로 이관할 수 있을 것이고 이에 따라 지방통계청 및 지방사무소 조직과 인력을 축소할 수 있을 것이다. 청장(차관급) 하에 차장(1급 상당), 기획조정실, 사회통계국, 경제통계국, 국제통계국, 연구조사국 등과 지방통계청과 지방사무소를 둘 수 있다.

3. 행정관리 조직

법제처의 법제 기능과 행정심판기능, 국정홍보처의 홍보기획 집행 기능을 별도의 중앙행정기관으로 두는 방안과 신설 행정자치부와 통합하는 방안이 있는데 총괄지원 기능을 통합적으로 수행한다는 점에서 통합하는 방안을 제시한다. 대다수의 선진국 정부조직에서 법제와 국정홍보기능을 별도의 행정기관으로 두지 않고 내각실 또는 총괄 행정기관에서 수행하는 것을 감안하였다. 현재 국정홍보처와 문화관광부로 이원화되어 있는 국외 홍보의 경우 '국정 홍보'의 성격보다는 '국가 홍보' 성격이 강하기 때문에 역사, 문화, 관광 등의 정보를 종합적으로 제공할 수 있는 문화 담당 部로 통합하는 것이 바람직하다. 새 정부에서는 행정관리를 총괄하는 행정자치부 내 법제실, 국정홍보실을 설치한다. 법제 기능의 전문성을 감안하여 법제 담당 차관(제3차관)을 두어 업무의 전문성과 차별성을 확보한다.

'행정예산부'를 설치할 경우 인사기능까지 통합하게 되면 지나치게 강력해진다고 본다. 따라서 현행 고위공무원단 및 국가공무원 인사정책을 총괄하는 중앙인사위원회는 개편 후 조직 및 복지 연금 기능까지 수행하게 되는데, 현재와 같이 위원회 형태를 유지하는 안과 독임제로 전환하는 안이 있을 수 있다. 경력직 인사기능이 행정기관으로 분산적으로 이루어지며 인사 정책적 성격이 강화되기 때문에 위원회의 중립성과 독립성 기능보다는 정책추진의 일관성과 효율성이 부각될 수 있다. 독임제 형태의 인사실로의 전환을 선호하며 현행 위원회 체제를 유지할 경우에도 위원장의 강력한 주도력은 유지될 필요가 있다. 행정기관과 공무원에 대한 통제적 성격을 가진 '권력적' 기관이므로 국가정보실, 경호실 등의 예에서 직급의 하향조정을 제시하였듯이 인사실장 또는 인사위원장의 직급을 차관급으로 조정할 필요가 있다.

'인사실' 조직은 기획조정실, 인사정책국, 인력충원국, 인력개발국, 고위공무원지원국, 인사정보국, 후생연금국의 1실 5국 현재의 규모를 유지하고, 소청심사위원회는 상근 위원장(차관급)을 유지한다.

예산기능을 재무부가 담당할 경우 현행 중앙인사위원회와 행정자치부를 통합한 새로운 행정자치부를 둘 수 있다.

4. 통제기능 독립성 강화

1) 감사원

감사원의 독립성을 강화하기 위해 현재 감사위원을 감사원장의 추천을 받아 대통령이 임명하는데(감사원법 제5조 1항), 감사위원 6인 중 2인은 국회 추천을 받고 2인은 대법원의 추천을 받고 2인은 감사원장의 추천을 받아 대통령이 임명하는 방식으로 전환하는 것을 제안한다. 미국의 GAO(Government Accountability Office), 영국의 NAO(National Audit Office), 일본의 회계검사원 등 다수의 선진 국가에서 감사원이 정부 또는 내각에 속하지 않고 국회에 책임을 지는 경우가 많은 것을 감안한다면 감사원의 독립성을 현재 수준보다 강화할 필요가 있다.

감사원은 헌법 제97조 규정에 따라 국가의 세입·세출의 결산, 국가 및 법률이 정한 단체의 회계검사와 행정기관 및 공무원의 직무에 관한 감찰을 담당하고 있는데 최근 평가연구원을 설치하고 정책평가 영역에도 관여하고 있다. 현재 국무조정실의 정책평가업무와 감사원의 정책감사의 업무 중복 가능성이 제기되고 있다. 정책평가를 결과(성과)평가와 과정평가(집행모니터링)로 나누어 볼 때 결과평가는 보다 객관적인 입장의 감사원이 수행하고 과정평가는 국무총리실이 수행하는 것이 적절하다고 본다. 따라서 현재 국무조정실에서 수행하고 있는 주요 정책사업평가 업무는 감사원 평가연구원에서 수행하는 것이 바람직하다. 감사원의 평가기능과 함께 국회 예산정책처의 정책평가 기능도 대폭적으로 강화되어야 한다.

2) 국민고충처리위원회

고충처리의 성격상 행정기관과 독립적인 위원회 형태가 유지하지만 굳이 현행의 대통령 소속 위원회일 필요는 없다. 고충처리의 실효성을 제고하기 위하여 고충처리위원회의 조사관의 권한을 감사원의 감사관과 유사한 수준으로 격상할 필요가 있다. 국무총리 소속으로 개편하되 조직은 현행 규모를 유지한다.

5. 소　결

행정자치부는 중앙인사위원회, 법제처, 국정홍보처의 기능을 통합하며, 소속 외청으로 경찰청, 해양경찰청, 소방방재청, 통계청[14]을 둔다. 행정자치부는 수석 部로서 제2차관(자치지원), 제3차관(법제)을 두며 인사, 직제, 법제 기능을 통해 정부부문 개혁을 효과적으로 추진할 수 있게 된다. 2009년 이후에는 자치경찰제의 도입과 함께 기존 경찰청을 국가경찰청과 시・도 자치경찰청으로 분리하되 해양경찰을 통합한 국가경찰청을 설치한다.

감사원은 일부 감사위원 선임에서 국회와 대법원의 추천을 부가

14) 통계 기능을 행정총괄과 국정홍보 기능과 통합하는 효과를 기대하는 한편 경제통계 못지않게 사회통계 수요가 증대하고 있어 현행 재정경제부 소속의 통계청을 경제와 사회에 중립적이고 행정자치부 소속으로 변경한다.

하고 국민고충처리위원회는 국무총리 소속으로 변경하되 현행 기능과 조직을 유지한다.

대폭적으로 개편할 경우 미국 관리예산실(OMB)을 참조한 행정예산부를 설치하여 현재의 행정자치부, 기획예산처, 법제처, 국정홍보처 기능을 통합하며, 중앙인사위원회를 인사실로 전환하는 방안을 제안할 수 있다. 중폭으로 개편할 경우 행정자치부, 중앙인사위원회, 법제처, 국정홍보처를 통합하여 새로운 행정자치부로 개편하고 예산기능과 재정경제부의 세제와 국고회계 기능을 통합한 재무부를 설치하는 안을 제안할 수 있다.

제 6 장　국가질서유지 기능

국가 및 사회질서 유지 기능은 대체로 현행 국가정보원, 국가인권위원회, 국가청렴위원회, 국가비상기획위원회, 외교통상부, 통일부, 국방부, 법무부, 경찰청, 해양경찰청, 소방방재청 등이 수행하는 기능으로 볼 수 있다. 위원회로 분리되어 있는 기능들을 大部主義에 따라 유관 部로 통합하고 부 내에서 독립적인 위원회로서 기능할 수 있게 재편하기로 한다.

1. 외교통일 조직

1) 통일 · 대북협력 기능

외교통상부는 외교, 재외국민 보호, 통상교섭 등의 기능을 수행하고 있고 통일부는 대북협상, 대북협력 및 지원, 탈북자 지원 등의 기능을 수행하고 있다. 남북관계가 진전되면서 대북협상과 협력 · 지원 기능이 대폭적으로 확대되고 6자회담 등 주변 국가와 공조와 협력 기능도 중요해지고 있다. 현재 통일부가 대북협력지원 업무를 담당하고 외교통상부가 국제 및 다자협상을 담당하고 있는데, 노무현 정부에서는 통일부의 대북협력 확대 기조가 미국, 중국, 일본 등 주변 강대국과의 외교적 공조 강화 기조에 앞서가고 있는 인상을 준다. 북핵문제, 종전선언 문제, 대북협력지원 사업, 탈북자 국내 송환 및 정착 등 대북 관련 기능이 미국, 중국, 일본, 러시아 등 주변 국가와의 긴밀한 협조 없이 수행되면, 외교안보 측면은 물론 재정적 측면에서도 무리하게 된다. 동북아 전체적 시각에서 남북협력도 추진되는 것이 장기적으로 바람직하다는 점에서 외교통상부의 주도력이 확보되어야 한다. 따라서 대북협상에서 통일부와 외교통상부의 적절한 견제와 균형이 작동될 수 있어야 한다. 외교통상부와 통일부의 현재 기능과 조직을 유지하되 국가안전보장회의에서의 외교통상부의 주도력을 인정할 필요가 있다. 다른 대안으로 통일부를 대북협력처 형태로 축소 개편하는 대안을 검토할 수 있다.

통일부와 외교통상부를 통합하고 대북협력 및 협상을 외교통일통상부가 담당하는 대안을 검토할 수 있다. 북한이 국제법상으로는 대한민국과 대등한 국가이지만 대한민국 헌법상으로 북한을 포함한 한반도 전역이 대한민국 영토이고 북한주민도 대한민국 국민인 점을 감안한다면 국가간 관계인 외교의 관점에서 대북관계를 보기 어렵다. 통일전 독일의 경우 내독부를 둔 사례도 참조한다면 통일부와 외교통상부의 통합 대안은 선택하기 어렵다.

2) 외교와 통상교섭 기능

한미FTA의 비준, EU · 일본 · 중국 등 주요국가와의 FTA협상 등 다자간 통상협상과 WTO의 DDA 협상 등 통상교섭은 향후 주요한 국정과제가 될 것이다. 통상교섭기능 조직을 현재와 같이 유지하는 대안, 재정경제부 또는 산업자원부로 통합하는 방안, 독립 통상교섭부를 두는 방안이 있을 수 있다. 현행 체제가 비교적 성공적으로 기능을 수행하고 있다고 보고 통상교섭 기능을 외교통상부에 존치하는 방안을 제시한다. 다만 통상교섭본부라는 명칭보다는 통상교섭대표부(Trade Representative)로 바꾸고 현재와 같이 대표를 대외적 장관인 차관급으로 유지한다. 통상교섭대표부 직원들의 전문성 확보를 위해 일반 외교직위로의 전보인사는 최대한 억제한다.

외교통상부 장관과 제1차관, 제2차관을 두고 동북아국, 동남아시아오세아니아국, 남서중앙아시아국, 중동국, 아프리카국, 북미국, 중남미국 등의 지역별 외교기능 부서와 기획조정실, 재외국민지원국, 영사국, 통상교섭대표부 등의 부서 조직을 두게 된다. 현재의 외교통상부의 외교안보연구원, 통일부의 하나원 등의 소속기관은 그대로 유지한다. 통일부는 기획조정실, 남북협상실, 대북협력사업국, 탈북자지원국 등의 부서 조직을 두게 된다.

2. 국가안전정보 조직

국가정보원은 국가안보에 관련된 정보의 수집 분석 및 첩보 활동을 하고 있다. 대외, 대북, 국내 부문으로 나누어져 있는데 향후 국내에 비해 대외와 대북 정보 기능이 대폭적으로 강화될 필요가 있다. 세계적 수준의 국내기술의 국외유출 가능성이 현실화되면서 국내기술 보안을 위한 공작, 수사, 홍보 등의 국가정보 기능을 강화할 필요가 있다. 국가정보원을 대통령과 국무총리 등 최고의사결정을 지원하는 기관으로서의 위상을 재정립하기 위해 명칭을 국가정보실로 바꾸고 국가정보실장의 부총리급 예우를 장관급으로 조정하고 3인의 차장을 차관급으로 두되, 업무조정이 진행한 후에는 차관급 1인을 축소 조정한다. 비밀정보기관의 성격상 막강한 권한을 가진 기관으로서 기관장의 직급까지 장관보다 높게 설정하는 것은 바람직하지 않다.

3. 국방 조직

국방부는 현재 자주국방 및 현대화 비전하에서 장기 거대 개혁과제를 수행하고 있다. 국방부는 현재의 육·해·공군 3군 체제를 선진국에서 마련하고 있는 합동군 체제로 전환하기 위한 계획을 수립하고 추진하면서 군 병력 감축을 추진 중에 있다. 남북한 통일 이후의 한반도 전체의 국방을 책임지는 군 체제와 함께 대북의 불안정한 위기상황에 신속하고 효과적으로 대응할 수 있는 군과 국방행정체제를 마련하여야 한다. 현재 정부 및 공공기관의 전시비상훈련과 민간자원동원계획을 주관하는 국가비상기획위원회는 국방부로 통합되어 국방부 내 비상기획위원회로 운영되는 것이 실제 전쟁 발생 시점에서 보다 효과적으로 작동할 수 있다고 판단된다.

현재 국방부 소속의 병무청과 방위사업청은 현행 유지하는 것이 적절하다. 병무업무와 향토예비군 업무의 지방이양을 검토할 수 있으나, 업무의 국가표준적 성격과 병무 업무의 투명성을 고려할 때 국가사무로 유지하는 것이 적절하다고 본다. 방위사업청의 무기획득 기능은 군 전력과 예산규모 면에서 매우 중요한 비중을 갖고 있으며 전문성과 함께 투명성을 확보할 수 있는 방안을 모색하여야 한다. 방위사업청의 감사기능을 강화하기 위하여 외부인이 참여하는 감사위원회를 운영할 필요가 있다.

4. 법무 조직

법무부는 형사법무, 검찰감독, 출입국관리, 교정, 인권보호 등의 기능을 수행하고 있다. 향후 통상의 확대와 함께 외국노동자와 유학생이 증가하면서 출입국관리 기능이 강화되고 조직이 확대될 필요성은 있으나, 외국인 및 출입국 관리정보시스템 개선을 통해 조직 및 인력 증원을 최대한 억제할 필요가 있다. 교정 및 보호감찰 기능도 확대되는 추세이고 별도의 외청으로 분리하는 대안을 검토할 수 있는데, 당분간은 법무부 내 조직으로 유지하여 형사법무 검찰기능과의 연계성을 확보하는 장점을 도모한다.

국가인권위원회는 인권보호, 인권침해조사, 인권보호 권고 기능을 수행하는 무소속 독립기구이다. 검찰청, 경찰청, 국가정보원, 관세청, 해양경찰청, 군 등 물리적 권력으로부터의 인권침해 사례가 지속적으로 보고되고 있는 상황에서 인권침해 신고와 조사 기능 조직은 정부로부터 독립성을 확보하는 것이 매우 중요하였다. 권력적 정부기관의 투명성이 제고되고 있는 점을 감안하고, 국가인권위원회의 처분이 권고적 성격으로 행정처분의 성격을 갖고 있지 못한 상태에서 오히려 처분의 실효성을 제고하기 위해서는 법무부 내의 기구로 전환하는 것이 적절한 대안이 된다.

국가청렴위원회는 범사회적 부정부패에 대한 제도적 개선을 도모하고 공직자 부정부패의 감시 및 조사 그리고 내부고발자 보호 활동을 하고 있는 대통령 소속 위원회이다. 검찰이나 대통령 국무총리 소속의 공직기강이나 부패감시 조사 기능과 별도로 중앙행정기관을 설치하는 것은 부정부패의 예방이나 부패에 대한 처벌의 실효성이 크지 않다고 본다. 따라서 법무부 내의 '국가청렴위원회' 형태로 전환하여 현재의 기능을 수행하되 현행의 행정자치부의 공직자윤리 관련 공직자재산등록이나 공직자 취업제한 기능을 수행할 수 있다. 현재 행정자치부의 공직자윤리기능이 대단히 제한적으로 역할하고 있는데, 법무부로 이관하게 되면 통제의 실효성을 강화할 수 있을 것이다.

검찰에 대한 견제로서의 공직부패수사처 설치 주장과 관련하여서는 현행 특별검사 제도를 당분간 운영해 볼 필요가 있다고 판단한다. 진실화해를 위한 과거사정리위원회, 친일반민족행위진상규명위원회, 친일반민족행위자재산조사위원회 등은 4년의 활동시한이 도래하면 시한 연장 없이 해산한다.

법무부 소속 검찰청의 조직은 대법원-대검찰청, 고등법원-고등검찰청, 지방법원-지방검찰청으로 법원과의 업무 대응 체계를 갖추고 있다. 법관의 직급상 예우가 행정부 공무원에 비해 높은 실정에서 검사의 예우도 이에 상응하여 높인 점은 인정할 수 있다. 그러나 검찰청 간부직 공무원의 직급 예우가 행정부의 타 권력기관이나 교육기관 공무원에 비해 상대적으로 높은 점은 범정부조직 진단 과정에서 매번 지적되고 있는 사항이었다. 권력

기관의 하나인 검찰청 간부의 직급이 높은 것은 바람직하지 않으며, 차관급 예우를 받는 검사장 규모를 축소 조정하는 것이 필요하다.

5. 경찰 조직

김대중 정부 출범이래 자치경찰제도의 도입은 지속적으로 논의되고 있으나 경찰청의 저항과 관련 중앙정부와 국회의 방조 속에서 표류하고 있다. 지방자치의 실효성을 담보하기 위해서 주민생활 밀착적이고 현장 서비스적 성격이 강한 교통관리, 방범, 행사안전통제 등의 기능은 자치경찰 기능으로 지방자치단체에 이양하는 것이 필요하다. 자치경찰제도는 다양한 형태로 구현될 수 있으나 유력한 대안은 시·도 경찰위원회와 자치경찰청 형태로 운영하는 것이다.

국제통상과 교류의 확대에 따라 국경을 오가는 영역이 급속히 증대되고 이에 따른 사고 및 불법행위가 증대되고 있다. 특히 북한, 중국, 일본과의 교류가 확대되면서 경찰활동의 범위도 국내에서 점차 동북아로 외연이 확대될 수밖에 없다. 해양경찰청은 해양수산부 외청으로 해상안전, 해상경찰, 불법출입국방지, 해양오염방지 등의 업무를 수행하고 있는데 해상으로의 불법출입국 및 거래 방지 활동의 중요성이 높아지고 있다. 해양경찰의 특성상 선박을 주 장비로 하고 대상도 선박이어서 우리와 같이 해상으로 북한, 중국, 일본, 러시아 등과 가깝게 연결된 환경에서 해양경찰은 본질적으로 국제 경찰 성격을 갖게 된다.

자치경찰제도의 도입을 전제로 하면 현재의 경찰청은 자치경찰과 국가경찰로 나누어지고 형사, 수사, 정보, 경호, 전투경찰, 국제 등의 업무를 국가경찰이 담당하게 된다. 국가경찰로 재편될 경우 국가경찰은 보다 국제적인 경찰활동을 강화하게 될 것이다. 이러한 점에서 해양경찰의 기능과 매우 밀접하게 관련되며 따라서 해상, 육상, 항공 영역별로 구분하여 해상을 따로 규율하기보다는 통합적으로 규율하는 것이 바람직하다. 해양경찰 기능이 국가경찰기능으로 통합되면서 현재 해양경찰청이 수행하는 해상오염 방제기능은 가칭 식품농수산부의 수산기능 담당 기관 또는 환경부가 수행하도록 점진적으로 조정되어야 한다.

행정자치부 소속의 국가경찰청은 청장, 제1차장, 제2차장(해양경찰)을 두며 경찰위원회와 국립과학수사연구소를 국가경찰청 내에 두는 방안을 제시한다. 현재 경찰위원회와 국립과학수사연구소를 행정자치부 소속으로 둔 것은 다분히 경찰청에 대한 통제를 위한 것이다. 행정자치부(또는 국민안전부)의 통제는 국가경찰청의 청장 및 차장 등 주요 간부에 대한 인사와 법령을 통해 이루어지는 것이 바람직하다.

경찰 기능에 대한 개방성을 확대하는 차원에서 각 군 사관학교와 유사한 형태의 경찰대학의 운영에 대하여는 재검토가 필요하다. 경찰의 신규 중간간부는 대학졸업자에 대한 특채와 5급 공무원고시 합격자에 대한 충원 방식으로 확보할 수 있으며, 따라서 관련 법률 개정을 통해 경찰대학과 경찰종합학교를 통합하는 방안을 제시한다. 현재 중앙소방학교에서 소방직 중간간부후보

생을 선발 교육하는 제도를 참고할 수 있다. 16개 시·도별 자치경찰청과 별도로 국가경찰청은 서울, 부산, 울산경남, 대구경북, 광주전남전북, 대전충남충북, 인천경기, 강원, 제주 등 권역별로 지역경찰청을 설치할 수 있다.

우리나라의 경우 국가경찰청과 소방방재청을 정책적으로 감독하고 최고위직 인사에 참여하기 위한 기구로서 국민안전부를 두는 방안을 검토할 수 있는데, 국가경찰청과 소방방재청과 별도로 部의 기능을 확보하기가 쉽지 않다. 그리고 상당 부문의 대테러 첩보 및 대응 기능을 국가정보실(현행 국가정보원)에서 적극적으로 수행하고 있다는 점을 감안하여, 행정자치부 소속으로 국가경찰청과 소방방재청을 두는 방안을 제시한다.

자치경찰의 기능은 초기에는 교통관리, 방범, 대형행사 안전관리 기능을 수행하다가 점차 식품접객업소 불법행위 단속, 오염 자연훼손 단속, 단순 폭행 수사 등으로 기능을 확대하게 될 것이다. 현재 시·도 소속의 소방본부 모형을 참조한다면 자치경찰은 노무현 정부가 제안한 시·군·구 소속보다는 시·도 자치경찰위원회 소속으로 하는 것이 적절하다고 본다. 자치경찰위원회 위원은 광역의회의 추천을 받아 광역단체장이 임명하는 것이 바람직하다. 자치경찰제 도입은 법률 제정이 빨라도 2008년 말경일 것으로 보면 시행은 2009년 후반기에나 가능할 것으로 전망한다. 따라서 해양경찰을 포함한 국가경찰청의 출범은 마지막 단계 개편안에는 포함하지만 중간 단계 개편안에는 포함하지 않기로 한다.

6. 재난관리 조직

1) 국민안전부 신설 검토

인사기능을 포함한 행정관리, 홍보, 법제, 자치지원 기능을 통합적으로 관할하는 '행정자치부'에 국민안전 기능을 담당하는 외청을 소속시키는 안에 대하여 행정자치부 장관에게 지나치게 업무부담을 준다는 점에서 치안과 재난관리 기능을 총괄하는 장관을 별도로 두는 방안 즉 '국민안전부'를 신설하는 방안을 검토할 수 있다.

미국은 9·11테러 이후 대테러를 포함한 포괄적인 안보(Security)를 확립하고 내각장관급 기관인 국토안보부(Department of Homeland Security)를 신설하여 대테러, 출입국 및 국경관리, 재난관리, 해양경비 기능을 통합적으로 수행하게 하였다. 영국의 국토안전부(Home Office)는 출입국 및 국경관리, 치안을 통합적으로 수행하고 있고, 일본의 국가공안위원회는 경찰청을 관장하고 있다. 캐나다의 공공안전부(Public Safety Canada)는 재난관리, 긴급대응, 경찰, 밀입국통제, 통신망침해보안 등을 담당하고 있다.

새 정부가 자치경찰제를 도입하면서 국가경찰청과 소방방재청을 정책적으로 감독하고 안전과 재난관리를 총괄하는 기구로서 국민안전부를 두는 방안을 검토할 수 있다. 국민안전부를 설치하였을 때 현재 국가경찰청과 소방방재청이 수행하고 있는 정책기능을 部로 이관하여야 하는데 이들 청에서 部로 이관해야 할 기능이 많지 않다. 部와 외청 간의 역할이 나누어지면 현재의 청 기능이 이원화되어 비효율이 나타날 수 있으므로 현재와 같이 청 단위에서 수행하는 것이 오히려 효과적일 수 있다. 部 단위에서는 최소한의 개입을 하고 대규모 재난상황에서 국가경찰청과 소방방재청 그리고 해당 지방자치단체 간의 업무 연계 조정 역할을 수행하면 될 것이다. 따라서 部의 기능이 작다고 하면 행정자치부에서 그 기능을 수행할 수 있고 별도로 '국민안전부'를 신설할 필요는 없다고 본다. 그리고 상당 부문의 대테러 첩보 및 대응 기능을 국가정보실(현행 국가정보원)에서 적극적으로 수행하고 있다는 점을 감안하여, 행정자치부 소속으로 국가경찰청과 소방방재청을 두는 방안을 선택한다.

2) 소방방재청 기능

현행 행정자치부 소속 소방방재청이 재난관리업무를 담당하고 있다.[15] 현재 대피와 복구에 민간이 참여하는 개념의 민방위업무는 전자전과 대규모 테러전으로 전개되는 시점에서 더 이상 절적한 개념이 아니라고 판단된다. 민방위 기능은 상시 대규모 안전사고 대응 교육 및 홍보 기능으로 전환될 필요가 있다. 따라서 민방위 기능은 소방과 구조구급 위주로 개편되어야 한다. 지역 현장에서 소방, 구조구급, 재난계획 경험이 풍부한 인력들

---

15) 미국은 국토안보부 소속의 연방재난관리청(FEMA), 독일은 시민보호및재난대응청, 노르웨이는 시민보호및비상기획청, 스웨덴은 비상관리청을 설치·운영하고 있다.

을 소방방재청 본부 인력으로 대규모 충원함으로써 청 본부 조직과 시·도 소방방재본부 간의 협력을 강화하는 안도 함께 제시한다.

7. 국가보훈 조직

국가보훈은 국가체제 유지에 공헌한 자를 기리고 그 가족 후손을 지원하는 기능이다. 업무량과 예산규모로 보면 실 또는 部로 설치하기 어려우나, 국가존립의 상징성을 감안한다면 독립유공자, 민주화유공자, 군경찰유공자 등에 대한 예우적 성격의 지원 기능을 별도의 행정기관으로 수행하는 것이 요구된다. 외청(예: 보건복지부 소속의 국가보훈청)의 형태는 상징성을 확보하는 데 어려움이 있어 실 형태를 제안한다. 현재의 국가보훈처장의 장관급 예우는 지나치게 높다고 보며 차관급으로 조정하는 것이 적절하다. 국가보훈실은 실장과 차장 그리고 기획조정실, 조사분석국, 심사국, 연금국, 제대군인지원국 등의 본부 부서와 지방청과 지방사무소로 구성된다.

8. 소　결

대북협력 및 협상에서 외교통상부의 방향설정 주도와 통일부의 실무 집행이라는 체계를 정립한다. 행정위원회 조직을 부로 통합하는데 국가인권위원회와 국가청렴위원회를 법무부로 통합하는 안, 국가비상기획위원회를 국방부로 통합하는 안을 제안한다. 전반적으로 권력기관의 직급을 하향 조정하는데 국가정보실(국가정보원 개편)을 장관급으로 국가보훈실(국가보훈처 개편)을 차관급으로 하향조정을 한다. 자치경찰제의 도입 이후에는 경찰청을 국가경찰청과 시·도 경찰위원회 소속의 자치경찰청으로 분리하고 해양경찰을 국가경찰청에 통합하는 방안을 제시한다. 대규모 테러 위험이 발생하고 있는 선진국가에서는 안전을 담당하는 部를 두기도 하지만 당분간은 경찰청, 해양경찰청 또는 국가경찰청을 행정자치부에 소속하는 안을 제시한다.

국가정보원은 국가정보실로 개편되면서 대북 및 국제 첩보 기능에 집중한다. 국가보훈처는 국가보훈실로 개편되면서 현행 장관급을 차관급으로 조정한다. 외교통상부는 재외국민 지원 기능을 강화하고 통상교섭 기능을 통상교섭대표부(외교통상부 소속) 형태로 유지한다.[16] 통일부는 대북협력 사업의 집행은 소관 행정기관으로 이관하고 기획총괄조정 기능에 집중한다. 국가비상기획위원회는 전시동원계획을 주관하고 있는데 국방부도 점차 문민화하고 있기 때문에 비상기획 기능을 국방부 내의 위원회 조직으로 재편하는 데 큰 문제가 없다. 방위사업청을 국방부 내부조직으로 전환하자는 논의가 있으나 개편의 비용이 상당할 것이므로 현행 유지한다. 병무청을 지방으로 이양하자는 논의의 경우 병무행정의 전국적 통일성 차원에서 당분간은 현행 유지하는 것이 적절하다고 본다. 국가인권위원회와 국가청렴위원회는 법무부 내의 기구로 재편된다.[17] 검찰에 대한 견제로서의 공직부

16) 통상교섭기능을 산업자원부의 무역진흥 기능과 통합하여 통상부로 격상하거나 산업자원부에 통합하여 통상산업부로 재편하자는 의견도 있다.

17) 미국은 내각 행정기관과 분리된 위원회 조직이 많이 설치되어 있는데

패수사처 설치 주장과 관련하여서는 특별검사 제도를 당분간 운영하면서 보완해 나갈 필요가 있다고 판단한다. 진실화해를 위한 과거사정리위원회, 친일반민족행위진상규명위원회, 친일반민족행위자재산조사위원회 등은 4년의 활동시한이 도래하면 시한 연장 없이 해산한다.

반해 영국은 위원회 조직이 내각 행정기관 산하에 주로 설치되어 있다.

제 7 장 교육문화복지 기능

1. 개편의 방향

교육문화복지 기능은 대체로 현재 교육인적자원부, 문화관광부, 보건복지부, 여성가족부, 노동부, 청소년위원회 등이 수행하는 기능으로 볼 수 있다.

지난 20여 년 동안 급속히 진행된 사회전반의 민주화와 지방화, 여성지위의 향상과 고령화, 개방에 따른 윤리가치의 다양화 등을 반영하는 조직개편이 되어야 한다. 지방화가 진행되면서 현장과 주민의 요구에 효율적으로 대응할 수 있는 지방정부 차원에서 사회문화 교육복지 기능을 지방으로 이양해야 한다는 요구가 점차 강해지고 있다. 여성가족부와 청소년위원회의 정책대상(고객)별 기능설정에 따라 기존 육아, 교육, 문화, 복지 등의 기능별 분류와 만나면서 기능 중복 현상이 나타나고 있고 특히 여성가족부와 청소년위원회의 기능을 강화하면서 기관 간 관할 중복 현상은 심화되고 있다고 본다. 사회문화 분야에 대하여 경제성장기 동안 상대적으로 경제산업 분야에 비해 억제되었던 공공투자를 대폭적으로 늘리는 노력을 하되, 서비스 측면에서는 대폭적인 지방이양과 민간협력을 도모하는 방향으로 정부조직 개편 대안을 제시하고자 한다.

2. 인간개발 조직

1) 유아 · 초중등 교육의 지방이양

2007년 5월 개정된 지방교육자치법에 따라 2010년부터는 시 · 도 교육감과 교육의원을 주민들이 직접 선출하고 시 · 도 의회 내 상임위원회의 하나로 교육위원회가 설치되며 교육위원회는 선출된 교육의원과 일반 시 · 도 의원으로 구성된다. 기존의 제한된 선거인단에 의해 선출되는 교육감과 교육위원에 비해 주민 직선에 의해 교육행정의 집행부와 의회(교육위원회)가 구성됨으로써 정치적 위상이 높아질 것으로 전망한다. 이러한 변화에 따른 지방교육자치 기능의 강화가 자연스러운 현상이며 초중등 교육에 대한 대폭적인 지방이양이 요구된다. 지방교육 재정지원에 관련하여 공식에 따른 보통 교육교부세의 비중을 대폭 강화하고 중앙정부의 차등적 지원 형식의 특별 교육교부세, 국고보조금 등의 상대적 비중을 줄여야 한다. 현재 교육인적자원부의 교육청 혁신평가 등의 차등 지원을 위한 활동은 축소되어야 한다. 교육의 성과와 질에 대한 국민(주민)의 관심은 매우 높고 교육은 교육감과 자치단체장, 그리고 교육의원과 지방의회 의원들의 주요 관심사이므로 굳이 중앙정부가 교육 행정 및 학사운영 과정에 깊이 개입할 이유가 없다. 향후 중앙정부는 초중등 교육에 대하여 법제 기능을 담당하며, 재정적 지원을 하되 지방정부에 대한 간섭은 최소한으로 하는 원칙을 확립할 필요가 있다.

취학전 교육인 유아교육에 관하여 교육인적자원부와 보건복지부, 여성가족부 등이 법제 및 지원 기능을 중층적으로 담당하고 있는데 초중등 교육과 함께 시·도 교육청으로의 이양을 제안한다. 현재 추진 중인 학제 개편과 함께 만5세의 유치원 교육을 초등교육과정으로 전환하고 전반적인 유아교육에 대한 지방정부 등의 공공부문의 관여도를 확대할 필요가 있다.

2) 교육인적자원부의 개편

유아·초중등 교육 기능을 지방으로 이양하게 되면 교육인적자원부는 대학 등 고등교육지원, 평생교육 지원, 인적자원 정책 기능에 집중할 수 있게 된다. 교육인적자원부는 국립대학 법인화를 적극적으로 추진하고 고등교육평가원을 설립하여 대학 교육과 연구의 질을 정기적으로 평가함으로써 대학 간 경쟁환경을 조성하고 선도 대학들이 국제경쟁력을 갖출 수 있게 지원하는 기능을 담당하여야 한다.

초중등 교육 지방이양 이후 교육인적자원부에 남는 기능은 크지 않고, 大部主義에 따라서 연관성이 높은 기능을 수행하는 部와의 통합을 고려할 수 있다. 과학기술 연구개발 인력의 78%(석사·박사 학위자 기준)[18] 정도가 대학 교원인 점을 감안한다면 연구지원의 통합적 체제의 효율성을 확보하기 위하여 과학기술

18) 한국과학기술정보연구원의 국가과학기술인력종합정보시스템에서 파악한 전체인력은 석사 16,520명, 박사 49,737명으로 석박사학위자는 66,257명이고 대학교 소속 인력은 석사 8,199명, 박사 43,021명으로 석박사학위자는 51,220명이다.

부와의 통합을 고려할 수 있고, 평생교육과 직업교육훈련의 연계성을 감안한다면 노동부와의 통합도 고려할 수 있을 것이다. 기관 통합의 경우 일본의 문부과학성, 독일의 교육연구부(Ministry of Education and Research), 영국의 혁신대학훈련부(Department for Innovation, Universities and Skills),[19] 프랑스의 고등교육연구부(Ministry of Higher Education and Research)[20]를 참고할 만하다. 지방교육자치단체로 유아·초중등교육을 이양할 경우에는 교육인적자원부의 나머지 기능과 과학기술부의 모든 기능을 통합하여 '교육과학부'를 설치할 수 있다.

3. 과학기술 조직

1) 과학기술 연구회와 출연 연구기관

2004년 10월 과학기술부는 장관이 부총리로 격상되면서 국가과학기술위원회(위원장: 대통령)를 보좌하는 과학기술혁신본부(차관급) 기구를 신설하는 등 조직을 대폭적으로 확대하였다. 동시에 과학기술 관련 3개 연구회(기초기술, 산업기술, 공공기술)와 산하 출연 연구기관을 국무총리실로부터 이관받게 되었다. 결과적으로 출연 연구기관의 연구과제의 경우 국가과학기술위원회-과학기술부와 과학기술혁신본부-연구회-출연 연구기관의 다층적

19) 고든 브라운 총리는 2007년 6월 28일 총리 취임 직후에 혁신대학훈련기술부와 아동학교가족부(Department for Children, Schools, and Families)를 신설하였다.

20) 프랑스는 고등교육연구부와 별도로 국가교육부(Ministry of National Education)를 두고 있다.

구조 속에서 결정되면서 관료제적 간섭이 많아지게 되었다고 본다. 여전히 기획예산처의 예산편성 권한이 강력한 실정에서 국가과학기술위원회와 과학기술부 및 과학기술혁신본부의 통제는 연구개발 과제를 수행하는 과학자에게는 엄청난 행정 부담으로 작용할 수밖에 없다. 따라서 단기적으로는 현재 제한된 역할만 하는 3개 과학기술 연구회를 하나로 통합하고 출연 연구기관에 대한 실질적인 조정 및 감독 권한을 부여하는 것이 필요하다.

통합 과학기술연구회가 역할을 강화하면 국가과학기술위원회 지원 기능을 수행하는 과학기술혁신본부와 권한과 기능이 중복될 수 있다. 독일이나 영국 등 기술 선진국의 연구자 중심의 연구개발 사업 추진체계를 참고한다면, 국가과학기술위원회 지원 기능을 민간연구자 중심의 조직이 수행하는 방안을 제시하고자 한다. 중앙행정기관의 지원을 받은 민간특수법인인 과학기술연구회가 분야별 분과위원회를 두고 국가과학기술 전반의 연구개발 방향과 재원배분 안을 결정하고, 각 부처는 해당 소관분야의 연구개발을 담당하는 방식을 제시해 본다. 국가과학기술위원회가 연구자 중심으로 운영된다면 과학기술부와 산하 출연 연구기관(현재 21개 연구원)은 기초기술 분야 및 국가전략 과제 등을 담당하고 각 부와 산하 연구기관은 소관 기능 관련 응용기술 분야의 과제를 분담할 수 있다.

2) 과학기술부의 개편

과학기술 전반의 조정체계가 연구자 중심으로 전환된다면 정부의 역할은 축소될 수 있고 大部主義에 따라 과학기술부(및 과학기술혁신본부)는 연관성 높은 기관과의 통합을 고려할 수 있다. 교육인적자원부의 고등교육 기능과 과학기술부의 연구개발 기능이 대학에서 중첩되고 현대의 연구개발 활동이 목표한 기술을 개발 확보하는 것과 함께 연구과정에서 전문인력을 양성하는 것을 동시에 추구한다는 점에서 과학기술부와 교육인적자원부의 통합은 적절한 대안이 된다. 단 교육인적자원부의 유아 및 초중등 교육 기능의 지방이양이 전제가 된다. 원자력 안전규제 기능은 '교육과학부' 또는 '교육연구부' 내의 규제위원회 형태로 수행할 수 있을 것이다.

성공적 연구개발을 위해서 성과와 인센티브가 긴밀히 연계되어야 한다는 점에서 과학기술의 연구개발 기능의 산업분야의 연구개발과 통합되는 것이 바람직하고 따라서 과학기술부와 산업자원부를 통합하는 대안도 고려할 수 있다. '산업기술부'로 개편될 경우, 장기적으로는 다수의 연구자들이 연구성과에 따라 인센티브를 부여받을 수 있으나 기초적 연구 또는 장기적으로 성과가 확인되는 연구에 대한 관심과 투자가 급격히 감소하는 점이 우려된다.

'교육과학부' 대안의 경우 교육과학부 내에 원자력안전위원회를 두며, 장관과 제1차관(총괄 및 대학 지원), 제2차관(연구개발), 차관보 하에 기획조정실, 교육정책국, 대학지원국, 평생교육국, 인적자원국, 연구개발국, 과학인력국, 연구조정국, 국제협력국 등의 부서를 둔다. 국가과학기술위원회 기능을 국가과학기술자문회의가 대신할 수 있고(제8장 경제산업공간기능에서 상술함), 운영지원 기능을 과학기술연구회가 수행하면서 전문가 연구자 공동체의 주도력이 발휘될 수 있게 만들어야 한다. 교육과학부의 연구조정국은 국가과학기술자문회의 결정사항에 대한 행정지원 기능만을 수행한다.

4. 문화예술과 문화산업 조직

1) 업무 분장

문화관광부는 전통문화예술 및 창작, 신문·출판·음악·영상·광고·영화·공연 등 문화산업, 체육, 관광 등의 진흥 기능을 담당하고 있으며 영상물 등의 윤리심의와 저작권, 종무 기능을 수행하고 있다. 상업성과 거리를 둔 문화 창달과 함께 새로운 미디어콘텐츠 산업 진흥 기능도 도모하고 있다. 2005년 4월 정부는 청소년보호위원회와 문화관광부의 청소년국을 통합하여 차관급으로 격상된 국가청소년위원회를 설치하였다. 국가청소년위원회는 건전한 청소년 문화를 만들고 폭력음란 등 비윤리적 환경으로부터 청소년을 보호하는 기능을 수행하고 있다.

2) 콘텐츠 진흥 기능

문화관광부가 방송통신 관련하여 콘텐츠 진흥을 관장하는 방안을 제안한다. 현재의 원천소스인 체육, 도서출판, 공연, 영화 등의 산업 기반을 확충하고 디지털 콘텐츠 산업 육성을 주도하는 방안이다. 온라인 유통 및 사업자 지원과 규제는 현재와 같이 통신방송 관련 기관이 담당하게 된다.(이 대안과 연결되는 문화관광부를 제외한 통신방송 관련 기구의 개편 방안은 제8장 경제산업공간 기능에서 상술한다.) 문화관광부 대안 하에서는 장관과 차관, 차관보 아래에 기획조정실, 국제협력국, 문화콘텐츠국, 예술국, 체육실, 관광국, 청소년국, 종무관 등을 둔다.

3) 청소년 정책, 국가홍보 기능

방송통신 정책을 문화관광부가 아닌 타 기관에서 수행하는 대안에서는 문화관광부가 유관 기능을 추가적으로 수행할 수 있는데 국가청소년위원회의 청소년 보호 육성 기능과 국외의 국가 홍보 기능이 통합 대상이 된다. 청소년에 대한 보호 지원 사업 집행 기능은 상당수 지방정부가 수행하기를 원하고 있어 대폭적으로 지방으로 이양되어야 한다. 중앙정부의 정책기능의 경우 현재 청소년위원회의 추진 역량은 충분하지 않으며 타 기관과의 통합을 통해 추진력을 강화할 필요가 있다. 현재 국가청소년위원회와 여성가족부의 통합을 위한 정부조직법 개정안이 국회에 제출되어 있는데 청소년 정책기능을 학교교육과 문화 정책 기능과 통합하는 방향이 정책시너지 효과 면에서 유리하다고 판단한다. 국가청소년위원회와 여성가족부를 통합하는 경우 보건복지부와 문화관광부와의 기능 중복에도 불구하고 정책대상 집단에 대한 특별한 고려를 한다는 가외성 원칙이 적용되는 것인데 大部主義 흐름에서는 수용되기 어렵다. 중등교육 기능이 대부분 지방으로 이관된다는 점과 교육청소년 정책이 주로 문화·체육활동과 대중매체와의 관련성이 매우 높다는 점에서 문화관광부로의 통합이 시너지 효과 면에서 유리하다고 본다. 청소년보호 관련 심의 기능은 영상물등급위원회 등과 같이 문화관광부의 다른 심의기구와 같이 민간위원회 형태로 운영할 필요가 있다.

현재 국외 대사관에 파견된 국정홍보처의 해외홍보관(워싱턴, 싱가포르 등)과 문화관광부의 문화홍보원(동경, 뉴욕, LA, 파리 등 12개)은 거의 동일한 업무를 수행하고 있으며 조속히 소속을 통일할 필요가 있는데 외국 주재 문화원이 대한민국의 역사, 정치, 경제, 사회, 문화 등을 포괄적으로 주재 국가 국민들에게 홍보한다는 점에서 가장 포괄적인 정보를 가지고 있는 문화관광부로 소속을 통일하는 것이 적절하며, 명칭은 재외한국문화원(Korean Cultural Center)으로 통일한다. 행정자치부는 한국정책방송(K-TV) 등 정부정책홍보를 담당하고 문화관광부는 아리랑방송 등 국가홍보를 담당하는 방식으로 기능을 분담할 필요가 있다.

5. 복지 조직

1) 보건 기능

세계화가 진전되면서 국가 간 물자와 인적 교류는 급증하고 있으며 전 세계의 다양한 물질과 병원체들이 국내로 유입되고 있다. 화학, 약품, 식품 기술이 발달하여 새로운 약품과 물질이 창조되면서 보건·위생·식품안전에 대한 잠재적 위험도는 증대되고 있다. 조류 인플루엔자(AI), 중증급성호흡기증후군(SARS) 등

외국에서 유입되는 병원체가 야기할 대규모 보건 위험은 중앙정부가 국제적 협력 속에서 대처하여야 한다. 공중보건에 대한 국제협력, 조기경보, 대국민 홍보 등의 기능은 현재보다 강화되어야 하며, 추가적으로 급속한 고령화 추세를 감안한다면 보건복지부에서 보건부를 분리 설치하는 방안도 검토할 필요가 있다.[21] 고령화가 급속히 진행되면서 다수의 국민이 복지정책과 보건정책의 동시적인 수혜대상일 경우가 많고 건강증진과 복지지원 사업들이 복합적으로 수행될 경우가 많기 때문에 당분간은 보건부와 복지부가 조직이 분리되었을 때 나타날 정책결정과 추진에서의 비효율성이 높을 것이다. 따라서 보건부와 복지부의 분리 대안을 선택하기에는 시기적으로 이르다고 판단되며, 당분간은 보건복지부 체제를 유지하면서 보건 정책기능과 조직을 현재보다 강화하는 것이 적절하다고 판단된다.

2) 식품안전 기능

조류 인플루엔자와 광우병 파동을 통해 국민들의 식품 안전에 대한 인식이 높아졌고 대외 통상 협상에서도 식품안전이 주요 이슈로 등장하고 있다. 현재 식품안전행정은 다원화되어 있는데, 가공식품은 식품의약품안전청이 담당하고 농축산물은 농림부(수의과학검역원과 농산물품질관리원)가 담당하고 수산물은 해양수산부(수산물품질검사원)가 담당하고 있다. 식중독 사고가 발생하였을 때 대부분의 환자는 가공식품, 농축산물, 수산물이 모두 포

21) 영국의 보건부(Department of Health), 독일의 보건부(Ministry of Health)는 복지기능과 분리 설치되어 있다.

함된 식사를 한 후이기 때문에 원인인자에 따라 식품의약품안전청, 농림부, 해양수산부가 원인추적과 위해식품 폐기 등의 대응을 하게 되는데 신속한 대응은 원천적으로 어렵다.

현재 칼로리 기준으로 국내식품자급률은 19.8%(2003년 기준)로서 우리의 식탁은 이미 국제화되어 있다고 볼 수 있다. 따라서 지금까지 농산물, 축산물, 수산물, 가공식품 생산 및 유통 사업자 위주의 행정체계를 소비자 위주의 행정체계로 전환하면서 품질과 안전성을 최우선 가치로 고려하여야 한다. 이러한 소비자 위주의 행정체제는 농축산물 시장 개방과 관련하여 미국·오스트레일리아·EU·중국 등 관련 국가와의 국제협상에서도 국가이익에 유리하게 작용할 것으로 기대된다. 그리고 품질과 안정성이 강조되면서 국내 농축수산업과 식품산업도 고품질 식품산업으로 전환되고 생산, 유통, 소비의 전 과정이 투명하게 관리될 수 있는 계기를 마련할 수 있다.

현재 식품의약품안전청, 농림부, 해양수산부의 식품안전기능을 통합한 식품안전처의 신설을 위한 정부조직법 개정안이 국회에 제출되어 있으나 大部主義 흐름에서 식품안전 기능만을 별도로 중앙행정조직을 설치하기는 어렵다. 따라서 농림부의 모든 기능과 해양수산부의 수산 기능, 식품의약품안전청의 식품안전 기능을 통합하여 '식품농수산부'를 설치하는 안을 제안한다. 식품의약품안전청의 의약품안전 기능 중 정책기능을 보건복지부로 이관하고, 연구·검사·인증·허가 기능을 의약품안전원을 설립하여 담당하게 한다. 식품안전에 대한 검사 및 단속 등의 규제집행 기능은 시·도 또는 시·군으로 이양하는 것이 적절하며 현재 단속 및 검사 업무를 수행하는 지방식품의약품안전청, 농산물품질관리원 공무원들 중 상당수는 지방공무원으로 전환될 수 있다. 식품농수산부의 구체적인 기능은 제8장 경제산업공간 기능에서 상술하기로 한다.

3) 복지와 여성가족 기능

OECD 국가 중에서 보건복지부를 두면서 별도로 여성·가족 기능을 위한 내각 장관을 둔 사례는 매우 드물다.[22] 2004년 6월 보육정책 기능이 보건복지부에서 여성부로 이관되었고 2005년 6월 여성가족부가 출범하면서 여성가족부의 가족정책 기능이 강화되었다. 양성평등을 주요 과제로 삼은 여성부가 여성가족부로 전환되면서 복지정책 기능에 관여하게 되었는데 향후 여성복지를 포함한 복지 일반을 다루는 보건복지부와 영유아 보육, 여성권익, 가족정책을 다루는 여성가족부 간의 업무중복이 심화될 것으로 전망한다.

지난 10여 년 동안 여성운동의 확산과 성차별 금지 제도화, 여성고등교육인구와 고급전문직 여성인구의 증대 등으로 양성평등에 대한 사회적 인식은 급속도로 개선되었다. 大部主義에 따르면 여성가족부는 독자적인 부로 존치하기에는 기능과 규모가 작은 편이다. 따라서 기능 연관성이 높은 보건복지부와 여성가족

---

22) 뉴질랜드는 여성부(Ministry of Women's Affairs)를 두고 있다.

부를 통합하여 새로이 보건복지부를 설치하는 방안을 제안한다. 양성평등을 위한 제도화를 위한 기능은 보건복지부 내의(또는 인권 증진 차원에서는 법무부 내의) 양성평등위원회 형태로 수행될 수 있다. 보건복지부 장관 하에 총괄 및 복지·여성 담당 제1차관, 보건 담당 제2차관을 두고, 제1차관이 양성평등위원회 위원장을 맡을 수 있다. 보건복지부 조직은 장관 차관 하에 차관보, 기획조정실, 국제협력국, 복지정책국, 연금정책국, 노인복지국, 보건정책국, 연구개발국, 의약품안전국, 질병관리본부, 여성권익국, 여성인력개발국 등을 두게 된다.

6. 고용 지원 조직

일본은 2001년 1월 보건복지를 담당하는 후생성과 노동관계를 담당하는 노동성을 합하여 후생노동성을 설치하였다. 하지만 우리의 경우 노동자에 대한 권익보호 차원에서 당분간은 노동부가 존치될 필요가 있다고 판단한다. 참고로 미국은 노동부(Department of Labor), 영국은 노동연금부(Department for Work and Pension), 독일은 노동사회부(Ministry of Labor and Social Affairs), 프랑스는 노동사회연대부(Ministry of Labor, Social Affairs and Solidarity)를 두고 있다.

현재 고령자에 대한 취업알선 기능은 보건복지부(65세 이상)와 노동부(55세 이상)가 연령을 기준으로 역할분담을 하고 있고, 시·도 시·군·구에서도 취업알선서비스를 제공하고 있다. 취업알선은 노동부 한국고용정보원의 고용전산망(Work-Net)으로 일원화하고 시·도 시·군·구도 고용담당 부서로 일원화할 필요가 있다. 노인복지 관련 고용지원도 고용전산망과 연계하여 운영할 필요가 있다.

세계화 속에서 경쟁력 갖춘 기업들은 글로벌소싱을 통해 성장하기 때문에 국가적으로 '고용 없는 성장' 현상이 나타나고 있으며 이에 대응한 정부의 고용증대 노력은 배가되어야 한다. 노동부는 기존의 근로감독과 노사관계 안정의 기능 외에 취업지원, 취업·전직훈련 지원 기능을 대폭적으로 확충할 필요가 있으며 명칭도 고용노동부(Ministry of Employment and Labor)로 바꾸는 것이 적절하다.

고용노동부 조직은 장관과 차관 하에 기획조정실, 국제협력국, 고용정보국, 근로감독국, 산업안전국, 노사정책국 등을 두게 된다. 노사간 이익과 권리 분쟁조정을 담당하는 중앙노동위원회는 상근 장관급 위원장과 사무국을 둔다.

7. 소　결

2010년부터 시도 교육감을 주민직접선거를 통해 선출하게 되면서 초중등교육의 전면적인 지방자치가 예고되고 있다. 교육인적자원부의 유아 및 초중등교육 기능을 시·도 교육청으로 이관하며 교육인적자원부의 고등교육 기능과 과학기술부를 통합하여 교육과학부를 설치한다. 참고로 영국, 프랑스, 독일 등은 고등교육기능과 연구개발 기능을 단일 기관에서 관장하게 하고 있고 일본도 문부과학성을 설치하여 교육과 과학 행정기능을 통합하고 있다.

문화관광부는 국가청소년위원회의 기능을 통합하고 방송영상 콘텐츠 진흥기능을 주관한다. 예술·문화·체육·종교·대외홍보 기능에 비해 그 동안 미약한 영상미디어·관광 등 산업진흥 기능을 강화한다. 여성가족부를 보건복지부에 통합하여 보건복지부 기능을 강화하며 양성평등위원회를 보건복지부 내부에 설치한다. 식품의약품안전청의 식품안전기능, 농림부의 전 기능, 해양수산부의 수산기능을 통합하여 식품농수산부를 설치하면서 과거 생산자 위주에서 소비자 위주의 식품 안전성과 품질을 우선하는 행정체제로 전환한다. 노동부를 고용노동부로 개편하여 노사관계 위주에서 취업지원, 고용안정화 위주로 기능을 전환한다.

제 8 장 경제산업공간 기능

1. 개 관

경제·산업·공간 정책 기능은 재정경제부, 공정거래위원회, 산업자원부, 중소기업특별위원회, 정보통신부, 농림부, 노동부, 건설교통부, 해양수산부, 환경부 등과 국세청, 관세청, 중소기업청 등 소속 외청에서 수행하고 있다.

1960년대 이래 산업화 과정에서 한국 경제는 정부 주도의 고도성장을 이루었고 그 성공의 유산이 지금도 고스란히 정부 조직에 남아 있다. 산업을 육성하고 기업을 지원하는 다양한 행정기관과 공공기관이 설립 운영되면서 기관 상호간의 중복적 투자와 지원이 발생하고 있다. 특히 1997년 IMF 구제금융 체제 이후 분절적 정부 조직 구조는 이러한 중복 지원에 따른 낭비적 요소를 심화시켰다고 볼 수 있다. 이미 세계화(globalization) 환경 속에서 기업과 산업의 경쟁력 확보에 정부 지원은 미미한 효과를 내고 있고, 규제완화를 통해 세계수준에 맞는 규제기준(global standard in regulatory system)을 확보하는 것이 절실하지만 여전히 정부규제는 지나칠 정도로 복잡하기만 하다.

세계경제에서 13위의 GDP와 36위의 1인당 국민소득이라는 선진국 초입에 위치하고 소득 3만 달러 시대를 지향하는 한국 경제를 민간주도로 과감히 전환할 수 있는 정부 조직 체계가 요구된다. 민간주도 경제에 맞는 규제완화와 민영화 작업을 진행하여야 하며, 국민의 생활 현장에서 실질적인 도움을 줄 수 있게 정부의 기업·산업 지원 기능도 지방정부로 이양하는 지방분권을 함께 추진하여야 한다. 새 정부에서 규제완화, 민영화, 지방분권을 위해서는 선진국의 경제산업공간 행정 체계를 참조하여 산업화 시대의 정부조직을 획기적으로 개편할 필요가 있다.

2. 거시경제 정책 조직

1) 거시경제 정보와 지식

거시경제 지표로서 국민소득(GDP)과 성장률, 물가, 환율, 국제수지, 수출입과 증가율, 고용과 실업률, 외환보유규모, 주식시세(KOSPI, 코스닥지수), 국가신용도 등을 꼽을 수 있다. 최근의 이러한 거시경제지표에 대한 예측이나 동향 정보를 수집하고 분석하는 업무는 한국은행, 한국개발연구원, 삼성경제연구소 등의 국내 공공기관이나 연구기관에서 수행하며, 한국의 거시경제 지표에 대해서 세계은행이나 IMF 등의 국제기구와 JP Morgan, 메릴린치 등 민간기관도 정기적으로 자료를 내놓고 있다. 현재와 같이 재정경제부에서 별도로 경기와 거시경제 지표에 대한 예측치를 발표하는 것은 적절하지 않다고 보며, 정부는 한국은행이나 주요 공공기관의 발표치를 인용하고 이에 대응한 정책 방안들을 모색하는 역할을 수행하면 된다고 본다.

2) 경제정책 조정

정부주도로 산업화를 추구했던 1960~80년대까지는 거시경제 목표를 설정하고 정부가 민간부문을 독려하거나 통제하면서 목표를 달성하기도 하였다. 현재는 민간부문도 성숙하였고 국내 거시경제가 국제적인 요인에 의해 큰 영향을 받고 있으므로, 정부는 거시경제의 흐름을 수용하면서 큰 위협이 되는 요소에 대한 대응 방안을 제시하는 식으로 경제정책을 운영하여야 한다.

GDP에서 정부 재정부문이 차지하는 비중이 2005년 기준 28.9%이고 그 비중은 점차 높아지는 추세에 있다. 따라서 정부재정이 차지하는 비중으로 보아 거시경제에 미치는 영향력이 커질 것으로 예상할 수도 있으나, 경제 개방이 급진전되면서 국외 영향이 증대되면서 하나의 정부가 미칠 수 있는 영향력은 줄어들 수밖에 없다. 경제정책조정 기능을 재정경제부 또는 예산기능을 가진 '재무부'(또는 '재정부')에서 수행하는 대안과 대통령비서실과 대통령자문기구인 국민경제자문회의가 수행하는 대안을 검토할 수 있다.

현재 경제부총리인 재정경제부에 예산기능을 이관하여 각 부처의 경제정책 조정을 강력히 하는 대안을 검토할 수 있는데, 예산편성이라는 강력한 수단을 경제정책 위주로 활용하는 것은 외교안보, 사회문화 등 다양한 분야에 대한 균형 잡힌 자원배분에 장애로 작용할 수 있어 바람직하지 않다. 또한 예산권을 가진 경제부총리의 존재는 국무총리의 정책조정 권한을 사실상 제약하는 결과로 이어질 수 있다.

부총리 제도를 폐지한다면 산업, 인력, 고용, 기술, 자원 등 광범위한 경제정책을 단일 행정기관이 수행하는 것은 이제 적절하지 않다고 판단한다. 대통령비서실의 경제수석비서관과 국민경제자문회의에서 경제상황분석과 경제정책조정 기능을 주관하는 대안을 제안한다. 국민경제자문회의에 참여하는 민간 경제전문가 집단의 정책분석과 조언을 참조하여 대통령비서실에서 경제정책 방향을 설정하고 각 행정기관의 거시경제 관련 정책과제를 조율하는 기능을 수행하는 것이 적절하다고 본다.

경제정책 조정기능은 대통령비서실(경제수석비서관)과 국민경제자문회의가 주도한다. 1960년대부터 경제기획원-재정경제원-재정경제부 등 오랫동안 경제부총리가 경제정책을 총괄하였다고 하나 경제수석비서관이 경제부총리보다 더 강한 조정 권한을 가진 적도 많았다고 볼 수 있다. 이 개편 대안은 미국의 국가경제위원회(National Economic Council)와 경제보좌관을 참고하였고, 부총리 제도를 폐지하면서 대통령비서실의 경제조율 기능을 공식화하는 것이다.

대통령비서실의 정책방향을 구체화하는 기능은 경제 관련 각 기관이 수행하게 되는데, 재무부의 예산·세제, 기업자원부의 무역·제조업 진흥, 식품농수산부의 농수산업 진흥, 기업자원부·문화관광부의 정보통신업, 영상·광고업 진흥 등의 산업진흥을 위한 연구개발, 전문인력 양성, 외국진출 지원, 중소벤처기업 지원 등 분야별로 각 部가 세부 정책과제를 결정하여 추진하게 된다. 대통령비서실과 국무총리실은 각 部의 정책과제 간에 상충하거나 중복되는 상황을 조정하는 역할을 수행한다.

3) 예산기능과 재정세제 기능 통합/분리

예산편성 기능을 행정관리 기능과 통합하는 '행정예산부' 안과 예산편성 기능을 세제, 국고회계와 통합하는 '재무부' 안을 이미 소개하였다. 행정예산부 안은 대통령과 국무총리 보좌를 위한 정부 업무 총괄·조정·지원 기능을 사실상 한 기관으로 통합한다고 볼 수 있다. 재무부 안은 세출입을 통합하여 예산-지출-결산과 세제-국고회계를 통합함으로써 재정기능을 통합적으로 수행한다고 볼 수 있다. 예산기능을 포함한 통합 재정기능을 수행하는 재무부가 금융정책과 금융감독 기능을 함께 수행할 경우 매우 강력한 기관이 될 수 있어 금융정책 및 감독 기능은 별도의 기관에서 수행하여야 한다는 의견이 매우 강하다. 따라서 예산기능을 포함한 재무부 대안은 금융정책 및 금융감독 기능을 수행하는 '금융위원회'를 설치하는 대안과 함께 제안되어야 한다.

기획예산처의 예산기능을 세제·국고회계 기능과 함께 수행하는 재무부를 설치하여 공공기관의 개혁과 민영화를 적극적으로 추진하게 한다. 통합된 재정과 금융정책 기능을 함께 관장하면 지나치게 막강한 권한을 가진 기관이 되므로 금융정책기능을 분리한다.[23]

3. 금융정책과 감독 조직

1) 금융정책과 감독의 통합 분리

선진국의 경우 민간부문에서 금융거래와 기법이 빠르게 발전하고 거래관행이 정착되면서 제도화와 규제의 틀은 사후적으로 만들어지며 금융거래의 국제적 성격에 따라 한 국가에서 별도의 법령을 마련하기가 쉽지 않다. 따라서 금융정책 기능은 미약할 수밖에 없으며 대체로 정부 기능은 금융감독 기능 위주로 이루어지고 있다. 우리나라는 1997년 금융산업의 위험관리 잘못으로 외환부족 현상이 발생하여 IMF 구제금융을 받으면서 국가적으로 커다란 경제위기와 타율적인 산업구조조정을 경험한 바 있다. 금융산업에 대한 정책과 감독 기능은 상시 엄격하게 이루어져야 하는데, 현재의 재정경제부의 금융정책, 금융감독위원회의 금융감독 규제집행 의사결정, 금융감독원의 금융감독 규제집행의 다기화된 체제는 금융위기 상황에 효과적으로 대응하기 어렵다고 본다.

선진국의 경우 재무부(Treasury), 금융감독기구, 중앙은행의 3두 체제로 금융정책 및 감독 기능이 수행되고 있는데, 상시적으로 금융기관에 대한 불법, 부실, 위험에 대한 모니터링과 시정조치를 금융감독기구가 수행하고, 중앙은행은 통화량과 이자율 등

---

23) 1997년 말의 외환부족 사태에 이은 경제위기 사태는 당시 재정과 금융을 총괄 관장한 재정경제원이 정책운영을 잘못하고 있는데 대하여 외부 기관이 제대로 통제하지 못한 결과라는 해석이 지배적이다.

통화금융 정책수단을 조율하면서 금융시장의 안정을 도모한다. 재무부는 대규모 금융사고로 긴급 재원이 필요할 때 중앙은행의 요청을 받아 긴급 공적자금 지원을 하게 된다. 선진국은 대체로 재무부와 금융감독기구는 정부기구이고 중앙은행은 특수민간기구이다.

금융정책 기능은 금융시장에 대한 상시적인 정보를 바탕으로 수행되어야 하며 따라서 금융감독 기능과 분리되어 수행되면 효과성과 적시성에 문제가 발생할 수 있다. 따라서 금융정책과 금융감독 기능은 통합적으로 수행되는 것이 바람직하다.

금융정책과 감독기능을 담당하는 금융위원회(장관급)를 재무부와 별도로 설치한다. 금융위원회는 현행 재정경제부의 금융정책 기능과 금융감독위원회, 금융감독원의 기능을 통합하게 된다. 금융위원회는 공무원조직이므로 현재의 금융감독원 직원들은 금융감독 직렬 공무원으로 전환된다.[24)]

2) 금융감독기구의 성격

미국의 증권거래위원회(Securities Exchange Commission), 일본의 금융청(Financial Services Agency)은 국가공무원 기관이나 영국의 금융서비스위원회(Financial Services Authority)는 국가공무원조직과 공공기관의 중간정도의 성격을 갖고 있다.[25)]

---

24) 미국의 증권거래위원회와 일본의 금융청 직원은 국가공무원이다.
25) 영국 정부 조직체계에서 독립규제기관을 정부기관과 공공기관의 중간

우리의 행정법과 규제법 체계상 국민의 권리를 제약하거나 의무를 부과하는 기관은 공무원 조직으로 구성하는 것이 적절하다고 판단하여 금융기관에 대한 상세한 규제집행 기능을 담당하는 기관은 공무원 조직으로 설치할 것을 제안한다. 금융감독기구가 금융정책기능을 함께 수행할 경우 당연히 공무원조직으로 설치되어야 하며, 민간특수법인 형태로 설치할 경우 금융 법제를 위한 별도의 공무원 조직이 요구된다. 2001년 1월 일본에서 성청개혁 때 금융감독청을 내각부 소속 금융청으로 개편하여[26] 금융정책과 감독기능을 통합한 사례도 참조가 된다.

따라서 금융정책과 금융감독을 통합하여 수행할 경우 '금융위원회(Financial Services Commission)'와 '금융청(Financial Services Agency)' 안을 제안할 수 있다. '금융위원회'(장관급)는 현재 재정경제부의 금융정책, 금융감독위원회와 금융감독원의 모든 기능을 통합하여 수행하며, '금융감독청'은 '재정부'의 외청으로 금융정책기능을 수행하는데 청의 성격상 법률 제・개정 권한은 재정부가 주관하되 시행령과 시행규칙 제・개정 권한을 갖는 형태로 운영될 수 있을 것이다. 예산기능을 가진 재무

적 성격으로 설정하는 경우에 있는데 FSA 외에도 통신방송 규제기구인 Office of Communications(Ofcom)도 비정부 특수기관의 성격을 갖는다. FSA는 금융서비스와 시장법(2000)에 의해 설립된 독립규제기구이며 금융산업으로부터 재정지원을 받는 회사형태의 조직이다. 재무부(Treasury)가 FSA 이사회를 임명하며 이사회는 이사장, 집행대표(CEO)와 9명의 비상임이사(그 중 한명이 부이사장)로 구성된다. 이사회는 전반적인 정책을 결정하며 일상적인 의사결정과 직원 임용은 이사장과 집행대표의 몫이다.

26) 2000년 7월 총리 소속의 금융개혁위원회를 설치하여 금융정책의 이관을 준비하였다.

부를 설치할 경우 금융청 대안은 재무부의 지나치게 강한 권한을 고려하여 채택할 수 없고 금융위원회 대안을 채택하여야 한다.

4. 재정정책과 예산 조직

고령화가 급속히 진행되고 있고 소득격차가 심화되면서 사회보장적 지출이 증대되고 있는 추세이다. 세계화 속에서 각 국은 법인세, 소득세 인하를 통해 외국인 투자와 기업유치 경쟁을 하고 있는 상황이다. 따라서 재정지출 수요가 증대하고 있으나 세율 인상을 통한 세수 증대를 도모하기가 어려운 상황이므로 재정운영의 효율성이 매우 중요한 과제가 된다.

'재무부' 대안을 채택하여 예산기능을 세제, 국고회계 관리 기능과 통합하여 운영할 경우 재정운영의 효율성을 높일 수 있을 것이고 특히 복지 등 사회투자 예산의 급증 추세에 대한 통제기능을 효과적으로 수행할 수 있다는 장점이 있다. 그러나 현재의 재정경제부와 기획예산처의 간부직원들이 이전의 경제기획원과 재무부가 통합된 재정경제원 출신으로 '경제관료' 의식이 매우 강한 점을 감안한다면 소위 비경제 분야인 복지·훈련·교육·문화·건강·환경에 대한 투자에 대한 인식이나 전문성은 취약하다고 볼 수 있다. 따라서 예산기능은 국정전체의 방향을 조율하는 정책총괄 部인 '행정예산부'에서 담당하는 것이 바람직할 수도 있다. 그러나 '행정예산부'가 지나치게 막강한 권한을 가진다는 비판을 수용하여 재무부와 금융위원회 대안을 선택한다.

5. 소비자 보호와 공정거래 조직

1) 소비자 보호 정책

현재 소비자보호 정책은 재정경제부가 총괄하고 있고 소비자권익 제고와 분쟁조정 등 소비자구제 업무는 한국소비자원이 수행하고 있다. 한국소비자원은 공정거래위원회의 감독을 받는 공공기관이다.

재정경제부는 경제정책을 총괄하는 부총리 기관으로 산업 부문별 진흥정책과 구분되는 소비자정책을 총괄하는 현행 체제는 적절하다. 그러나 부총리제를 폐지하고 경제정책 총괄조정 기능을 대통령비서실에서 담당할 경우에는 '재무부'에서 소비자정책을 담당하는 것은 적절하지 않다. 대통령비서실에서 소비자정책을 담당하기 어렵기 때문에 공정거래위원회가 담당하는 안을 제안한다. 공정거래위원회가 기존 소비자보호 관련 법령과 함께 소비자기본법을 관장하면서 기본정책과 분야별·기능별 정책을 통합함으로써 시너지효과를 얻을 수 있다.

2) 시장경쟁 규제기구와 산업별 규제기구

전통적으로 공익성이 강하고 과거 공기업 형태로 운영된 금융, 통신, 방송, 전기 등의 부문에서 산업별 규제기구가 운영되고 있다. 현재 정보통신부 내 통신위원회, 방송위원회, 산업자원부 내 전기위원회, 금융감독위원회 등이 산업별 규제기구라고 볼 수 있는데, 향후 우편, 철도, 가스, 상수도, 고속도로 등 네트워크산업에서 민영화가 진행되게 되면 산업별로 部와 분리된 규제기구가 신설될 가능성이 크다. 이들 산업별 규제기구와 시장경쟁과 공정거래를 담당하는 공정거래위원회 간에 관할권 경쟁이 발생하고 있고 양 규제기구 간의 역할분담 방안이 마련되어야 한다. 장기적으로는 네트워크산업 성격이 강한 통신방송, 우편, 철도, 고속도로, 전기, 가스, 상수도 등의 부문을 통합적으로 규제하는 기구를 설립하여 운영하는 방안도 검토할 수 있다. 참고로 독일의 네트워크청(Federal Network Agency; FNA)은 경제기술부 산하의 규제기구로 전기, 가스, 통신, 우편, 철도 산업을 규제하고 있다.[27)]

당분간은 산업별 규제기구와 공정거래위원회 어느 한 기구에 배타적 권한을 부여하거나 한 기구의 권한을 다른 기구의 권한에 우선 적용하는 방식을 적용하는 방안은 합의되기 어렵다고 본다. 따라서 규제기관 간에 사안별로 상세한 사전적 조정규정을 MOU 형태로 마련하고 규제집행 단계에서 기관 간에 사안 처리 정보를 공유함으로써 중복규제의 폐해를 줄여야 한다.

장기적으로 정보매체위원회 등 규제기구는 통신·방송·우편·철도·고속도로·전기·가스·상수도 등 공기업의 민영화 이후 네트워크 성격의 산업 규제를 통합적으로 관장하는 기반사업규제위

---

27) 독일의 경제기술부 산하에는 독립규제기관인 네트워크청(Federal Network Agency)과 반담합청(Federal Cartel Office; FCO)이 설치되어 있다.

원회(network services regulatory commission)로 발전할 수 있다.

6. 산업진흥과 기업지원 조직

1) 연구개발

정부의 산업진흥 기능의 핵심은 연구개발 지원이다. 정부는 기술발전의 방향을 전망하고 세계 각국의 기술개발 동향을 모니터링하고 국내 연구진의 기술 연구개발을 지원하며 기술표준에 관련하여 국제협력활동과 국제 및 국내 표준을 설정하는 활동을 한다. 농촌진흥청, 산림과학원, 독성연구소 등의 정부 조직에서도 연구개발을 하기도 하지만 대부분의 연구개발은 대학, 정부출연 연구소, 민간기업 연구소에서 이루어진다. 정부는 이러한 공공기관 및 민간의 연구개발을 재정적으로 지원하는 역할을 담당하는데, 현재 과학기술부, 산업자원부, 정보통신부, 국방부, 농림부, 농촌진흥청 등 다양한 정부조직이 국고 또는 기금의 형태로 연구개발을 지원하고 있다.

과학기술부는 국가과학기술위원회(위원장: 대통령, 부위원장: 과학기술부 장관)를 통해 전반적인 국가 연구개발 활동을 조율하고 있는데, 과학기술부 과학기술혁신본부는 국가과학기술위원회의 사무국 역할을 수행하면서 연구분야별, 연구주체별 재원의 배분을 주도하고 있다. 현재 과학기술부는 산하에 기초기술, 공공기술, 산업기술 등 3개 연구회를 두고 있으며 3개 연구회가 과학기술 분야 21개 정부출연연구기관을 관할하면서 소관 출연연구기관의 장 선임, 예산 배정, 성과평가 등의 기능을 담당하고 있다. 본래 연구자의 자율성 확보를 위해 독일 등 선진국의 연구회를 참조하여[28] 연구회 제도가 도입되었으나, 과학기술부의 부총리와 과학기술혁신본부 출범 이후 연구회의 자율성이 위축되어 현재는 3개 연구회 모두가 과학기술부와 출연 연구기관 간의 중계 역할 정도를 수행하고 있다.

과학기술부, 산업자원부, 정보통신부, 국방부 등이 대규모 연구개발 예산을 지출하고 있는데, 기술 수요에 대응한 연구개발을 위해서는 각 행정기관의 연구개발 예산지출이 불가피하다. 범정부적 연구개발 투자재원 조정이 이루어져야 하는데, 종합조정을 하는 체제로 현재와 같이 국가과학기술위원회를 두고 과학기술부총리(장관)가 주도하는 체제와 대통령 직속 기관이 주도하는 체제를 검토할 수 있다. 미국의 경우 과학기술정책실(Office of Science and Technology Policy)은 대통령실의 한 기관으로 대통령 과학보좌관(Science Advisor)이 OSTP의 실장을 겸하고 있다. 과학기술정책을 담당하는 별도의 기구를 대통령 직속기관으로 두는 것은 최고의사결정층을 비대하게 만든다는 점에서 바람직하지 않고 현재의 국가과학기술위원회와 과학기술부의 조정

28) 독일의 연구회시스템 – 막스프랑크연구회(Max Planck Society), 프라운호퍼(Fraunhofer Society), 헤름홀츠(Helmholtz Association), 라이프니츠(Leibniz Association) 등 비대학 연구소 통합 관리 기관 – 을 참조하여 1999년 정부출연연구기관 설립운영 법률에 따라 기초기술연구회, 공공기술연구회, 산업기술연구회가 출범하였고 2004년 9월 과학기술분야 정부출연연구기관 설립운영 법률에 따라 국무총리실에서 과학기술부로 소속이 변경되었다.

체계의 장점을 유지하는 방향으로 대안을 검토하는 것이 적절하다고 본다.

현재는 국가과학기술위원회가 실질적으로 작동되면서 헌법에 근거한 대통령자문기구인 과학기술자문회의는 제대로 기능하지 못하고 있는 실정이다. 오히려 과학기술자문회의를 활성화하고 사무국 역할을 '과학기술연구회'(현재의 3개 연구회를 통합하여 설립)가 수행하면서 현재의 국가과학기술위원회와 과학기술부(과학기술혁신본부)의 역할을 대신하는 방안을 제안한다. 대통령비서실의 과학기술보좌관이 과학기술연구회로부터 전문지식적 지원을 받아 과학기술자문회의의 활동에 대한 지원 업무를 담당한다.

연구개발 총괄 및 조정 기능을 과학기술자문회의와 '과학기술연구회'가 수행한다면 과학기술부의 역할은 대폭 축소될 수 있고 따라서 과학기술부는 기구 축소와 함께 교육인적자원부 또는 산업자원부와 통합될 수 있다. 영국, 독일, 프랑스, 일본의 경우 연구개발기능은 대학 등 고등교육 정책기능과 함께 하나의 기관에서 관장하고 있다. 일본의 문부과학성, 독일의 교육연구부(Ministry of Education and Research), 영국의 혁신대학훈련부(Department for Innovation, Universities and Skills), 프랑스의 고등교육연구부(Ministry of Higher Education and Research)를 참고할 만하다.

과학기술부와 교육인적자원부를 통합하여 '교육과학부(Ministry of Education and Science)'를 설치하는 방안을 제안한다. 연구개발의 활용성을 제고하고 산업현장 요구에 대응하는 연구개발을 촉진하기 위해서 산업응용적 성격이 강한 연구개발 업무는 산업자원부로 이관한다.[29] '교육과학부'는 기초연구 및 국가장기프로젝트 관리 위주로 정책기능을 수행하는 방안도 함께 제안한다.

기술표준 업무는 산업자원부가 총괄하면서 기술표준원을 통해 국가표준과 공산품 안전기준을 관리하고 있는데, 각 행정기관은 소관분야별로 의료, 통신, 식품, 환경 등 다양한 기술표준을 관리하고 있다. 당분간 기술표준 업무는 국가표준은 산업자원부가 총괄하되 각 분야별 표준들은 소관 행정기관이 관리하는 체제를 유지하는 것이 불가피하다.

2) 전문기술인력 양성

산업진흥 정책의 두 가지 축은 연구개발과 전문인력 양성으로 볼 수 있다. 전문기술인력 양성기능은 교육인적자원부의 전문대학과 대학, 과학기술부의 한국과학기술원(KAIST)과 광주과학기술원, 정보통신부의 한국정보통신대학교, 산업자원부의 한국산업기술대학교, 농촌진흥청의 한국농업대학, 노동부의 한국기술교육대학교와 11개 한국폴리텍대학 등 다양한 기관을 통해 수행하고 있다.[30] 각 部가 산하에 대학교를 설치·운영하고 있는 형태는

29) 한국의 산업자원부와 정보통신부의 영역을 관할하는 독일연방 경제기술부(Ministry of Economics and Technology)는 산업, 중소기업, 무역, 통신우편, 에너지 등과 함께 기술 업무를 관장하고 있다.

일반 대학교에 대해서 불공정 경쟁을 하는 것이고 퇴직 후 고위 공무원이 산하 대학교의 자리로 옮긴다는 비판에서 자유롭지 못하다. 따라서 대학교는 '교육과학부'의 고등교육법의 적용을 받는 법인으로 통일적으로 관리되는 것이 바람직하다.[31)]

과학기술부와 교육인적자원부가 통합되면 국립대학교, KAIST, 광주과학기술원, 한국산업기술대학교, 한국기술교육대학교 등은 고등교육법에 따라 통일적으로 관리되어야 한다. '교육과학부'는 고등교육기관을 통해 고급전문 연구개발 인력을 육성하고, 전문인력 양성에 대한 전반적인 조정기능을 수행한다. '교육과학부'는 현재 KAIST와 광주과학기술원에 주어지는 자율성과 재정적 지원을 법인화된 국립대학교에도 주어야 국립대학교 법인들이 조기에 경쟁력을 확보할 수 있을 것이다. 한국정보통신대학교는 KAIST와의 통합을 조속히 추진하여야 하고, 산업자원부의 한국산업기술대학교도 법인화된 국립대학교 형태로 전환되어야 한다.

'고용노동부'(노동부의 개편)는 한국폴리텍대학을 통해 현장기술인력을 양성하는 역할을 담당하되 한국폴리텍대학이 전문대학과 불공정 경쟁을 하지 않도록 유의하여야 한다. 즉 한국폴리텍대

30) 한국정보통신대학교, 한국산업기술대학교, 한국기술교육대학교는 사립학교 법인 형태를 취하고 있으나 정보통신부, 산업자원부, 노동부의 직간접적인 재정 지원이 대학 운영비의 절반 이상을 차지하고 있으며 당연직 이사로서 정부고위공무원 및 유관 공공기관의 장이 참여하고 있다. 따라서 실질적으로는 정보통신부, 산업자원부, 노동부의 산하 교육기관으로 볼 수 있다.

31) 육군・해군・공군 사관학교, 국방대학교 등은 특수성을 인정할 수 있으나 경찰대학은 인정하기 어렵다.

학은 공립·사립 전문대학이 배출하지 못하는 분야의 현장투입 기술인력 위주로 교육프로그램을 운영할 필요가 있다. 농촌진흥청의 한국농업대학도 장기적으로 한국폴리텍대학의 '농업기술 및 경영' 특성화대학으로[32] 통합 운영되는 것이 바람직하다. '고용노동부'는 현장기술인력 양성과 함께 실업자 취업훈련과 전직훈련도 담당하되, 지방자치단체의 다양한 교육훈련기관과의 협력적 관계를 적극적으로 활용하여야 한다.

3) 투자유치와 대외진출 지원

1980년대 후반부터 지금까지 고도 성장을 지속하고 있는 아일랜드의 경우는 산업개발청(Industrial Development Agency, IDA)이 외국투자유치에 관한 강력한 권한을 발휘하여 세계 유수 기업들을 유치하는 데 성공한 것이 고도 경제성장의 주요한 요인이라고 평가받고 있다. 현재 산업자원부와 대한무역투자진흥공사(KOTRA)가 외국인 투자유치를 주관하고 있다. 기업유치를 위한 세제 혜택, 인허가, 기술인력 확보 등 다양한 여건을 통합적으로 수행하기 위해 산업자원부를 중심으로 재정경제부, 노동부, 행정자치부, 환경부 등 관련 기관이 적극적인 협력관계가 요구된다.

경제자유구역은 인천, 광양만권, 부산김해 등 세 곳에 지정되어 있는데,[33] 경제자유구역청이 외국인 투자를 유치하기 위해서는

32) 현재 한국폴리텍대학은 7개의 지역대학과 4개 특성화대학(여성, 섬유패션, 항공, 바이오)으로 구성되어 있다.

기존 '경제자유구역의 지정 및 운영에 관한 법률'에서 국내 규제 법령을 배제하는 규제 배제 또는 완화 규정을 대폭 강화할 필요가 있으며, 법령 소관청도 재정경제부에서 외국인 투자유치에 보다 적극적인 기업자원부(산업자원부 변경)로 변경할 필요가 있다. 기업자원부가 경제자유구역, 자유무역지역, 산업단지, 산업혁신클러스터 업무를 통합적으로 수행함으로써 외국인 투자 유치에 시너지 효과를 얻을 수 있을 것이다.

기업의 수출 및 외국진출(투자)을 지원하는 기능을 산업자원부, 중소기업청, 대한무역진흥공사 등이 수행하고 있다. 국내 기업들에게 외국시장 정보를 제공하고 국제견본시, 박람회 참가지원 등 국제시장에서의 국내 기업들의 홍보 활동을 지원하고 있다. 각 部도 소관 영역에서의 기업체들의 수출 및 외국진출에 대한 지원 업무를 가지고 있는데, 농림부의 농수산물유통공사, 정보통신부의 정보통신국제협력진흥원 등이 있는데 특히 정보통신국제협력진흥원은 실리콘밸리, 베이징, 도쿄, 보스턴, 런던, 상하이, 싱가포르 등 재외국 IT지원센터를 운영하고 있는데 모든 IT지원센터 설치 지역에 이미 KOTRA 해외무역관이 설치되어 있다. 국내 기업이 외국인 투자를 유치하거나 수출 상담을 할 경우에는 외국 현지 투자자와 수입업체(Buyer)에 대한 정보의 대부분을 IT지원센터와 KOTRA 해외무역관이 중복적으로 관리하고 있기 때문에 정보통신국제협력진흥원과 KOTRA 간에는 상당 부분 업무중복이 발생하고 있다. 정보통신국제협력진흥원을 폐지하고

33) 정부는 2007년 12월 21일 대구·경북, 새만금·군산, 경기·충남 황해 경제자유구역 등 3개 구역을 추가 지정하였다.

정보통신분야 수출 및 외국진출 지원, 외국인 투자유치 기능을 KOTRA가 수행하는 것이 효율적이다.

4) 중소기업 지원

현재 중소기업 정책 기능은 산업자원부가 수행하고 중소기업청은 지원 사업을 총괄하는 기능을 담당하고 있으며 범정부적인 중소기업정책을 총괄조정하는 기관으로 중소기업특별위원회를 두고 있다. 대통령 소속의 중소기업특별위원회는 행정위원회로 볼 수 있으나 그 기능은 대단히 미약하여 대통령자문 기구적 성격에 가깝다고도 볼 수 있다. 중소기업특별위원회는 재정경제부 차관, 산업자원부 차관, 과학기술부 차관, 노동부 차관, 기획예산처 차관, 중소기업청장 등 당연직 차관급 정부위원들과 대통령이 위촉하는 민간위원으로 구성되며 위원장은 비상임 민간위원이나 장관급 예우를 받는다. 사무국은 산업자원부, 중소기업청 등 관련 기관에서 파견된 직원으로 구성되어 있다. 중소기업특별위원회는 산업자원부와의 역할분담이 명확하지 않고 독자적인 정책추진 역량과 수단을 갖고 있지 못하며, 회의 안건의 대부분은 중소기업청이 준비하고 있다. 중소기업청은 산업자원부의 외청으로서 산업자원부 장관과 중소기업특별위원회의 명을 모두 받는 입장이어서 두 기관의 입장이 다를 경우 곤란한 상황에 빠지기도 한다. 중소기업특별위원회를 폐지하고 중소기업 정책 및 기관간 중소기업 정책조정기능을 산업자원부로 이관하는 방안을 제시한다.

현재 기업지원의 실질적 활동은 중소기업청과 지방중소기업청 그리고 중소기업청 산하의 공공기관인 중소기업진흥공단이 수행하고 있다. 중소기업청의 역할은 중소기업진흥공단 등 공공기관의 역할과 산업자원부의 역할 중간에 위치하고 있는데 제대로 중소기업 정책을 추진하기 위해서는 중소기업청을 '중소기업부'로 격상하는 대안과 산업자원부 내의 중소기업실로 개편하는 대안을 검토할 수 있다. '중소기업부'를 설치할 경우 타 部가 소관 관련 업체에 대한 지원업무를 수행하고 있는 실정에서 현재 제조업, 전기전자업, 서비스업, 유통업뿐만 아니라 건설업, 정보통신방송업, 농수산물유통, 식품업, 약품업 등 모든 산업분야의 중소기업을 '중소기업부'가 총괄하는 것은 현실적으로 불가능하며 중소기업부도 현재의 산업자원부 관할인 제조업, 전기전자업, 서비스유통업의 영역을 벗어나기 어렵다. '중소기업부'가 현재의 산업자원부의 관할 영역을 벗어나지 못한다면 별도의 部를 설치할 실익이 없다. 오히려 산업자원부내 중소기업실로 개편하여 각 部가 영역별로 산업체 지원 정책을 수행하되 산업자원부 장관이 중소기업 지원정책을 총괄조정하는 역할을 수행하는 방안이 적절할 것으로 판단한다. 조직을 통합함으로써 현재 산업자원부와 중소기업청 간의 기업 지원과 국외 정보서비스의 중복현상을 해소할 수 있다. 중소기업진흥공단의 해외사무소(프랑크푸르트, 뉴욕, 도쿄, 베이징)를 동일지역 소재의 KOTRA 무역관과 통합하면 시너지효과를 얻을 수 있다.

산업자원부가 중소기업특별위원회와 중소기업청의 기능과 정보통신부의 정보통신산업 진흥 기능을 통합하여 '기업자원부'

(Ministry of Business & Energy)로 개편된다면, 중소기업 정책 조정기능도 확보하고 관할 중소기업의 범위도 확대되어 실효성 있는 중소기업 정책을 추진할 수 있을 것이다. 현재 중소기업청 지방중소기업청의 일부 인력은 지방자치단체로 이관하여 지방자치단체의 중소기업 지원 정책역량을 강화한다. 기업자원부는 중소기업 지원 정책을 지방자치단체와 중소기업진흥공단 등 공공기관과 협력하면서 추진하는 것이 바람직하다.

7. 정보통신 · 방송영상 진흥과 규제 조직

1) 정보통신기술과 산업융합

정보통신기술(ICT)은 급속히 발전하고 사회경제 각 영역에서 활용이 고도화되면서 다양한 기술과 결합되어 새로운 융합 산업을 만들어내고 있다. 통신과 방송 서비스의 융합, 인터넷을 통한 PC와 TV의 융합, 에어콘, 냉장고, 영상음향기기의 컴퓨터화, 이동전화의 통합정보처리 등의 일상생활 주변에서의 가전 · 전자 · 통신기기의 융합은 이미 보편화되었고 자동차 동력제어와 내부음향기기, 도로 · 교량 · 상하수도 · 가스 등 도시기반시설물의 제어, 위험감지, 안전관리 분야, 이동전화를 통한 금융결제 분야, 로봇이나 무인정찰기 등 원격제어 장비 분야 등 모바일 유비쿼터스 기술을 활용하여 새로운 융합기술 분야가 등장하고 있다. 이러한 ICT에 기반한 융합 흐름은 새로운 산업과 시장을 창출하거나 기존 기술 기반의 시장을 재편하고 있다.

2) 정보통신과 방송영상 산업 진흥과 규제

융합적 서비스가 시장에 도입될 때 기존 규제제도가 장애로 작용하기도 한다. 대표적인 분야가 방송통신 분야이다. 노무현 정부에서는 이미 진전된 산업계의 통신·방송의 융합을 제도화하기 위해 정보통신부와 방송위원회의 통합, IPTV 등 융합서비스의 조기 도입 등의 방안을 추진하였으나 마무리하지 못하여 새 정부의 과제로 넘겨질 가능성이 매우 높다.[34] 통신의 한 분야인 데이터통신으로 출발한 인터넷은 전화 등 대표적 통신 영역을 삼키면서 방송, 영상, 영화, 신문, 출판, 광고 등의 영역을 수용할 정도로 성장하고 있다. 규제가 거의 없는 인터넷 포털은 사회경제적 영향력을 급속히 확장하고 있다. 네이버를 소유하고 있는 NHN의 주식 시가총액이 14조원으로 KT를 추월하고 현대자동차의 시가총액에 육박하고 있으며, Google의 시가총액은 200조 원으로 Microsoft의 4분의 3 정도이니 인터넷 기업들의 짧은 업력을 감안한다면 인터넷 영역의 잠재적 영향력을 실감할 수 있다. 인터넷뿐만 아니라 전자·정보통신 분야에서도 삼성전자, LG전자 등의 기업들은 세계선도 기업으로 성장하였다.

1994년 말 체신부가 확대 개편된 정보통신부가 지금까지 정보

34) 국무총리자문 방송통신융합추진위원회와 국회 방송통신특별위원회가 기구 통합을 위한 법제 방안을 논의하고 있으나, 방송통신융합추진위원회의 임기가 만료되는 2007년 12월 말까지 최종결정이 이루어지기 어려운 상황이다. 다행히 인터넷멀티미디어방송사업법은 2007년 12월 말에 국회를 통과하였다.

통신기술과 산업의 발전을 주도하였는데, 이제는 정보통신기술이 다른 분야 기술과 융합하는 추세를 반영하여 새로운 조직으로 개편되어야 한다.

2006년 7월 이후 국무총리자문기구인 방송통신융합추진위원회 주도로 정부 내에서 방송통신 융합을 촉진하기 위한 방안을 마련하는 과정에서 정보통신부의 통신 정책 기능, 방송위원회의 방송정책 기능, 그리고 문화관광부의 영상·광고 진흥 기능을 통합적으로 재편하는 다양한 대안이 제시되었다. 초고속 통신망과 결합된 융합적 정보·영상서비스가 현재의 통신과 방송의 이질적 규제체계 속에서 제대로 발전되지 못하고 있기 때문에 통합적 규제와 진흥 체계를 조속히 마련하여야 함에도 불구하고 관련 기관과 이해관계자들의 갈등 속에서 개편안들은 좌초하고 말았다.

그 동안 정부가 제안한 정보통신부(우정사업은 점진적으로 제외)와 방송위원회를 통합한 방송통신위원회 안, 국회 방송통신특별위원회에서 검토 중인 문화관광부(콘텐츠 진흥)-산업자원부(네트워크 진흥)-방송통신위원회(규제) 안, 정보매체부-방송통신위원회 안, 정보매체부-매체감독위원회 안 등이 논의되어 왔다. 최근 이탈리아, 영국, 오스트레일리아의 방송통신 규제기능의 통합 위원회 설치 사례에서 보듯 규제기능의 통합은 세계적인 추세이다. 따라서 규제기구를 위원회 형태로 설치한다고 할 때 위원회 조직에서 정책결정과 진흥 기능을 수행하게 되면 의사결정 지연과 추진력 미약이라는 단점이 나타날 우려가 크다고 보아

독임제 기구가 정책결정과 진흥집행 기능을 수행하고 위원회가 규제 집행 기능을 수행하는 것이 적절하다고 판단된다.

첫째, 당장 규제관할 갈등이 현재화된 방송영상 영역과 정보통신영역을 통합하는 대안을 검토할 수 있다. 정보통신부의 우정사업을 제외한 모든 기능과 방송위원회의 모든 기능 그리고 문화관광부의 방송영상 진흥기능을 통합하여 '정보매체부(Ministry of Information and Media)'를 설치하는 방안이다. 통신방송서비스 사업자에 대한 규제를 담당하는 '정보매체감독위원회'를 정보매체부와 별도로 설치할 수 있다. '정보매체감독위원회'는 사업자의 인허가, 공공기관의 임원 선임, 공정거래 감독, 분쟁조정, 소비자보호, 주파수배정, 정보내용물에 대한 윤리적 심의 등의 기능을 수행한다. 통신방송 관련 법령 제·개정 권한은 정보매체부가 관장한다.

정보매체감독위원회는 위원장(장관급)과 상임위원(차관급)과 3인의 비상임위원을 포함하여 5인으로 구성되며 위원장은 대통령이 직접 임명하며 위원은 국회 추천을 받아 대통령이 임명한다. 정보매체감독위원회 내에는 감독정책국, 심의지원국, 이용자지원국, 분쟁조정위원회 등을 둔다.

우정사업 기능은 현재의 우정사업본부를 우체청[35]으로 개편한

35) 우정(郵政, postal service)은 우체국 또는 우편 업무의 행정을 의미하는 일본식 용어이다. 서비스 제공 기관에 관하여 일반 국민에게 익숙한 우체국 또는 우편을 바로 연상시키는 용어를 사용하는 것이 바람직하다.

후 바로 우체청의 공사화 작업을 진행하는 것이 적절하다. 참고로 일본과 독일은 이미 공사화된 우편과 우체국 예금보험 사업을 민영화하는 방안을 법제화하고 단계적으로 추진하고 있는 실정이다.

둘째, 방송영상을 포함한 디지털콘텐츠 영역과 정보통신영역을 통합하는 대안을 검토할 수 있다. 정보통신부의 우정사업을 제외한 모든 기능과 방송위원회의 모든 기능 그리고 문화관광부의 모든 기능을 통합한 안이다. 신문・출판・영화・영상・음악・광고・스포츠・공연예술・전통문화 등 영상콘텐츠의 대부분의 원천소스와 저작권을 관장하는 문화관광부와 디지털콘텐츠와 정보를 제작하고 전송하는 정보통신과 방송을 관장하는 정보통신부와 방송위원회를 통합하는 방안이다. '문화통신부'를 설치하면서 통신방송서비스 사업자에 대한 규제를 담당하는 '정보매체위원회' 또는 '정보매체감독위원회'를 '문화통신부'와 별도로 설치한다. 유사 사례로 오스트레일리아의 통신정보기술예술부(Department of Communications, Information Technology, and the Arts)[36]와 통신미디어위원회(Australian Communications and Media Authority)를 들 수 있다. 통신방송 관련 법령 제・개정 권한은 정보매체위원회가 관장하지만 정보매체감독위원회의 경우에는 문화통신부가 관장한다.

36) 2007년 12월 3일에 예술 기능이 환경수자원문화예술부로 이관되면서 망통신디지털경제부(Department of Broadband, Communications and the Digital Economy)로 개편되었다.

문화통신부 안은 문화산업과 정보통신산업을 통합적으로 관장하는 점에서는 적절하다고 볼 수 있으나 그 동안 한국경제의 성장동력으로 작용한 정보통신산업이 아직 초기도약 단계인 문화산업과 혼재되어 활력을 상실할 우려도 있다.

문화통신부 장관 하에 제1차관(총괄), 제2차관(통신), 차관보를 두며, 기획조정실, 국제협력국, 신문출판국, 콘텐츠영상국, 예술국, 체육실, 관광국, 종무관, 정보사회국, 전파관리국, 정보기술국 등을 두게 된다.

셋째, 정보통신 산업진흥과 정보사회 지원 기능을 산업자원부로 통합하고 영상콘텐츠 진흥 기능은 문화관광부로 통합하고 주파수관리, 통신방송사업자의 인허가, 정보내용물 심의 등 경제기술적 규제와 문화윤리적 규제 기능을 담당하는 '정보매체위원회'(또는 '통신방송위원회')를 설립하는 방안이다. 통신방송 관련 법령 제·개정 권한은 정보매체위원회가 관장한다. 정보매체위원회는 장기적으로 독일의 네트워크청(FNA)과 같이 전기, 가스, 우편, 철도 등 국가독점적 사업에서 공사화 민영화된 네트워크 산업 분야의 규제를 통합적으로 담당하는 망산업 통합 규제기구로 발전할 수 있을 것이다.

세 가지 대안을 비교 검토해 보면 정보통신과 방송영상 기술과 산업에 특화된 전략적 기관으로서의 '정보매체부' 대안은 융합현상이 방송영상 분야뿐만 아니라 생활가전, 자동차 등 다양한 분야에서 진행되고 있는데 방송영상 분야로만 집중하였다고 볼 수 있다. 현재 국회 방송통신특별위원회에서 논의되고 있는 유력한 대안이라는 점에서 실현가능성이 있다고 본다. '문화통신부' 대안은 정보통신산업과 문화 영역의 행정 통합을 통해 성장동력으로서 문화산업을 획기적으로 발전시킨다는 의미를 담고 있다. 한편으로 그 발전가능성과 함께 산업가치와 문화가치의 갈등으로 그 동안 축적한 정보통신 기술과 산업 역량을 약화시킬 수도 있다. 산업부-문화부의 진흥과 정보매체위원회라는 규제기구 3원 구조는 영국의 기업규제개혁부-문화통신스포츠부-Ofcom (Office of Communications), 캐나다의 산업부-문화부-CRTC (Canadian Radio-television and Telecommunications Commission)과 유사한 체제로 조직의 안정성은 높다고 볼 수 있다.

제시된 세 가지 대안 모두 방송위원회의 정부기구로의 통합을 전제로 하고 있다. 그러나 2008년 2월 새 정부 출범 시점에서 방송위원회와 정부기구를 통합하기 위해서는 정부조직법과 함께 방송법을 개정하여야 하는데 국회 방송통신특별위원회(2008년 3월까지 활동함)에서의 논의 결과를 활용할 필요가 있다. '정보매체부' 또는 '정보매체위원회' 설치 방안과 우정사업본부를 '우체청'으로 격상하는 방안을 제시한다. '정보매체부'보다는 '정보매체위원회'가 정치적 합의가능성이 크다고 판단되며 이 경우 방송영상 콘텐츠 진흥 기능은 문화관광부로 이관하고 IT 연구개발과 네트워크 진흥, 정보사회 지원 기능은 '기업자원부'로 이관하고 '정보매체위원회'는 현재 정보통신부와 통신위원회의 통신사업 규제기능과 방송위원회의 방송사업 규제기능을 통합적으로 관할하게 된다.

정보매체위원회 또는 정보매체감독위원회의 지위를 部와 독립된 장관급 행정위원회로 하는 대안과 '정보매체부' 또는 '문화통신부' 내의 반독립적인(semi-independent) 규제위원회로 설치하는 대안이 검토될 수 있다. 전자는 현재의 공정거래위원회 또는 금융감독위원회 형태이고 후자는 정보통신부 내 통신위원회와 노동부 내 중앙노동위원회 형태이다. 방송의 정치적 영향력을 감안하여 部와 별개의 장관급 위원회로 설치하는 방안을 제시한다.

경제기술적 규제와 분리하여 정보내용물에 대한 윤리 심의 기능을 정보매체감독위원회에서 수행하거나 별도의 민간기구가 수행하는 방안을 검토할 수 있다. 현재 문화관광부 산하의 공연윤리위원회, 영상물등급위원회, 언론중재위원회 등과 같이 정부가 위촉하는 민간인으로 구성된 위원회 형태에서 윤리적 심의를 하는 방안이다. 우리 사회에서 지상파방송이나 보도전문채널의 보도·교양 프로그램의 경우 정파적 중립성 가치도 매우 중요하므로 좀 더 권위를 가진 행정위원회인 정보매체(감독)위원회가 심의 기능을 수행하는 것이 적절하다고 본다. 다만 정보매체감독위원회가 문화통신부 또는 정보매체부 등 部 내의 반독립적인 위상을 가질 경우에는 내용심의를 별도로 민간기구가 담당하는 것이 部의 장관의 정치적, 윤리적 부담을 줄일 수 있다.

우편서비스와 우체국금융 업무의 경우 이미 시장에서 민간기업과 경쟁하는 상황이기 때문에 일정 준비기간을 거쳐서 공사 형태로 전환하고 장기적으로는 선진국과 같이 민영화를 추진하여야 한다. 새 정부 출범 시점에 정보통신부 우정사업본부를 '우체청'으로 격상한 후 공사 전환을 준비하게 하고 2년 내로 공사화 작업을 마무리하는 방안을 제시한다.

8. 농수산업과 식품산업 조직

1) 소비자 위주로 전환

지금까지 농림부와 해양수산부는 농산물·수산물 생산현장을 중심으로 농어민과 농어민 단체를 지원하고 생산·어로 기술을 지원하는 방식의 생산자 위주의 행정을 하였다고 본다. 앞으로는 농산물과 수산물 그리고 그 가공식품을 소비하는 소비자 위주의 행정으로 전환하여야 하며 소비자 관점에서 식품의 소비, 유통, 생산과 수입 단계에서 품질과 안전성을 확보하는 것을 최우선적으로 고려하여야 한다.

식품 안전사고가 발생하면 신속히 원인 추적이 될 수 있는 체계를 마련하기 위해서는 산지에서 소비자 식단까지(Farm to Table) 식품의 생산과 유통 경로가 추적되어야 한다. 식품 칼로리 기준으로 국내식품 자급률은 19.8%(2003년 기준)인 것을 감안한다면 식품안전에 대한 감시망이 국내 생산유통뿐만 아니라 국제적인 생산유통 과정에서 필요하다고 본다. 현재보다 수출입 식품 검역 기능이 대폭 강화되어야 하며, 주요 수입식품의 경우 외국의 농수산물과 식품의 생산현장에 대한 일정수준 감독할 수 있는 행정체계도 마련되어야 한다. 최근 KBS 1TV에서 방송된 중국 녹차 생산지에서의 농약사용 실태 고발은 국내 우수 녹차

판매회사 조차도 제대로 안전성 검증체계를 갖추고 있지 못한 현장을 보여준 것이다(이영돈 PD의 소비자고발, 2007. 8. 10).

농축산물, 수산물을 포함한 식품 행정은 소비자 위주의 행정체계로 전환되어야 하며, 국내 농업인·어업인·식품생산업자 등 생산자의 안전성, 품질에 대한 의식이 획기적으로 제고되어야 개방 환경에서 농업과 어업이 경쟁력을 확보할 수 있다. 국내 농축수산업이 고품질 경쟁을 통해 국내외 소비자에게 신뢰를 얻고 제품인지도를 확보한다면 새로운 '식품산업'으로서 국제 경쟁력을 확보할 수 있다고 본다. 현재 미국과의 FTA, EU와의 FTA 등 시장개방협상에서 농수산물 식품 관련 개방 압력을 받고 있는데, 소비자의 높은 안전성과 품질 요구 환경은 한국 정부의 협상력을 높이는 데 기여할 수 있다.

2) 식품 행정체계

미국의 농무부와 식품의약품청(FDA), 일본의 농림수산성과 후생노동성, 프랑스의 농수산부와 보건청소년체육부 식품행정체제는 현재 우리나라와 같이 다원화되었다고 볼 수 있다. 영국의 환경식품농촌부는 식품행정이 농업농촌과 환경 행정기능과 통합되어 있고 독일의 식품농업소비자보호부는 식품행정을 우선하는 사례로 볼 수 있다. 현재 우리나라는 농축산물의 생산은 농림부, 수산물 생산은 해양수산부, 전 식품의 유통단계와 가공식품 생산 유통은 식품의약품안전청이 담당하고 있다.

조직개편 대안으로 현재 식품의약품안전청, 농림부, 해양수산부의 식품안전기능을 통합한 식품안전처의 신설 방안을 검토할 수 있다. 이 대안은 2006년 국회에 제출된 정부발의 정부조직법 개정안에 포함되어 있는데, 식품안전처, 농림부, 해양수산부 간의 정책조정 수요가 여전히 발생할 것으로 본다. 大部主義 조직개편 차원에서 농림부와 해양수산부를 두고 추가로 식품안전 기능만을 별도로 중앙행정조직을 설치하기는 어렵다고 본다.

다른 대안으로 농림부의 모든 기능과 해양수산부의 수산행정 기능을 통합하여 '농수산부'(또는 농림수산부) 설치하는 안이 있는데 여전히 '농수산부'가 관장하는 농수산물 생산현장과 유통과정과 가공식품의 생산유통이 분리되어 일관 식품안전 행정을 감당하기 어렵다. 일본의 경우 농림수산성과 후생노동성으로 나누어진 식품안전관리 기능을 조율하기 위해 총리 소속의 식품안전위원회를 두고 있다. 영국의 경우 식품안전 기구로 환경식품농촌부와 보건부 중에서 보건부에 조금 가까운 독립적인 식품기준청(Food Standards Agency; FSA)을 두고 있다.

또 다른 대안은 농축산물, 수산물, 가공식품 등 식품을 통합하고 생산과 유통을 통합하여 '식품농수산부'가 관할하게 하는 대폭적인 개편 방안이다. '식품농수산부' 설치를 통해 농수산물을 포함한 식품의 품질과 안전성이 강조되면서 국내 농축수산업과 식품산업도 고품질 식품산업으로 전환되고 생산, 유통, 소비의 전 과정이 투명하게 관리될 수 있는 계기를 마련할 수 있다.

농수산업의 시장 환경 변화에 적극적으로 대응하기 위해 농림부의 모든 기능과 농촌진흥청의 농촌지도 기능, 해양수산부의 수산 기능, 식품의약품안전청의 식품안전 기능을 통합하여 '식품농수산부'를 설치하는 안을 제안한다. '식품농수산부'를 설치할 경우 기존 식품의약품안전청의 의약품안전 기능 중 정책기능은 보건복지부로 이관되고 연구·검사·인증·허가 기능은 의약품안전원을 설립하여 담당하게 한다. 식품의약품안전청과 수의과학검역원의 수입식품 검역기능과 국내수입식품을 생산하는 외국생산현장에 대한 조사 기능은 강화되어야 한다. 그러나 식품의약품안전청의 지방청의 식품안전에 대한 검사 및 단속, 수의과학검역원의 지방사무소의 축산물 안전검사 및 단속 등의 규제집행 기능은 시·도 또는 시·군으로 이양하는 것이 적절하며 현재 단속 및 검사 업무를 수행하는 지방식품의약품안전청, 수의과학검역원, 농산물품질관리원, 수산물품질검사원 등의 공무원들 중 상당수는 해당지역의 지방공무원으로 전환될 수 있다.

3) 산림, 농업기술 행정 개편

현재 산림행정은 보전기능과 일부 육림기능을 포함하고 있다. 최근 전국의 환경개선 사업의 확대에 따라 수목 공급이 확대되면서 산림청에서 산림분야의 육림업 지원 기능이 강조되고 있다. 그러나 산림행정의 기조는 산림 보존 기능으로 보며 환경부가 수행하는 환경보존과 생태보존 기능과 밀접한 기능으로 볼 수 있다. 농림부를 '식품농수산부'로 개편할 경우에는 산림청은 환경부로 소속을 변경하고 육림업을 환경산업의 한 부분으로 간주하여 관리할 수 있다.

현재 영세농민에 대한 농업 기술의 지원기능은 민간부문으로 이관되기 어렵고 당분간은 정부 또는 공공기관이 제공하여야 한다. 농업·어업 기술 전수를 주 기능으로 하는 농촌지도, 어촌지도 기능을 농어촌 지원의 다른 기능들과 통합적으로 수행하여 시너지효과를 얻기 위해 현재 농촌진흥청·수산과학원 조직에서 '식품농수산부'의 조직으로 이관하는 방안을 제시한다. 농촌진흥청은 식품농수산부 소속기관으로 하나의 농업과학(기술)원 형태 또는 작물과학원 축산과학원 등 분야별 과학원 형태로 개편할 수 있다. 장기적으로는 농업·어업분야의 기술개발 기능을 담당하는 현재의 농촌진흥청과 수산과학원은 공무원조직에서 정부출연 연구기관으로 전환하거나 국립대학교로 분산 통합하는 방안을 추진하여야 한다.

9. 육상·항공·해상 교통 조직

해양수산부의 해양에 대한 통합적 관리의 효율성과 수산물과 타 식품의 분리 관리와 육상교통과 해운의 분리 관리의 비효율성을 비교하면서 해양수산 분야 기구개편을 검토하게 된다. 배타적경제수역(EEZ)이 새로운 해양자원의 보고지로서 중요성이 더해지고 있는 현실에서 정부의 해양에 대한 관리 기능은 강화되어야 한다. 한반도 인근 해양에 대한 해저지질, 해양생태, 어족자원 등에 관한 조사기능이 대폭 강화되어야 한다. 그러나 해양수산부 출범 이래 이러한 국가적 기능이 보다 효율적으로 수행되었는지에 대해 의문을 가진다. 현재 해양수산부가 담당하고 있는 해운항만, 수산, 해양환경(단속·오염방제 기능은 해양수산부 소속 해양경찰청이 담당) 기능을 통합적으로 수행하면서 효율성을 높이는 측면이 있는 반면, 항만지역 개발에서의 해운과 도로·철도망 연계, 인근 지역의 개발계획과의 연계 면에서 비효율이 나타나고 있다.

주요 선진국의 경우, 캐나다의 수산해양부(Ministry of Fisheries and Oceans) 사례를 제외하고는 내각장관 기구로서 해양수산부 형태는 찾기 어렵다. 해양 공간에 대한 관리 기능을 국토관리 기능과 통합하고 해운항만 기능을 육상항공 교통 기능과 통합하며 수산 기능은 '식품농수산부'로 통합하는 방안을 제시한다. 일본의 농림수산성과 국토교통성과 유사한 형태로 개편된다. 해양수산부 기능을 나누어 '공간교통부'와 '식품농수산부'로 통폐합할 경우에 현재 해양수산부 소속의 해양경찰청은 행정자치부 소속으로 변경한다. 자치경찰제가 실시되면서 국가경찰청이 설치될 경우 해양경찰청은 경찰청의 국가경찰 기능 부서와 함께 국가경찰청으로 통합되면서 해상경계·보안·치안 기능 위주로 개편되는 것이 바람직하다. 해양경찰청이 이렇게 개편될 경우 현재의 해양환경보호 감시 기능은 환경부로 이관하는 것이 적절하다.

항만의 경우 해당 지방자치단체의 주요한 소득원이고 세원이기 때문에 지방정부가 적극적으로 관리할 가능성이 크다. 자치경찰제가 수행될 시점에서는 항만관리 기능을 지방정부로 이관하는 것이 적절하다. 자치경찰제와 같이 항만관리 기능도 광역자치단체로 이관하는 방안을 제안한다. 예로서 부산광역시 소속 부산항만청(Port Authority), 인천광역시 소속 인천항만청, 전남도 소속 목포항만청 등의 기구로 운영될 것이다.

건설교통부는 기존 국토계획, 토지이용, 주택, 수자원개발, 항공, 도로, 철도 기능과 함께 해양수산부의 해운항만 기능을 통합하여 '공간교통부'로 확대 개편된다. '공간교통부'는 주택 및 주거 관련 각종의 규제는 대폭 완화하고 규제 권한을 지방정부로 이양하되, 항공·해운·철도의 안전 규제의 전문성을 강화할 필요가 있다.

10. 환경 조직

1) 에너지·환경 기능 통합 검토

환경부는 폐기물관리, 수질·대기질 오염 예방, 상하수도 관리, 생태보존 등의 기능을 수행하는데 인구증가, 도시 확산, 소비증가, 환경인식 제고 등으로 점차 그 기능이 강화되고 있는 추세이다.

교토기후변화협약이 효력을 발휘할 경우 우리나라의 이산화탄소 배출량을 감축하여야 하며 결국 에너지소비량도 연차적으로 줄여야 되기 때문에 환경 행정기능과 에너지 행정기능은 보다 긴밀하게 조율되어야 한다. 에너지 행정업무를 기상청과 환경부의 업무와 통합적으로 관리할 필요성이 커진다. 한편으로 세계적으로 산업이 발전하면서 석유・석탄・가스 등 에너지원과 철광석, 알루미늄, 구리 등 1차자원에 대한 수요가 늘어나고 제한된 자원을 확보하기 위한 국제적 경쟁을 치열해지고 있다. 환경부의 에너지 및 자원 사용 감축 관점과 산업자원부의 국제적 자원 확보 관점은 쉽게 통합되기 어렵다. 미국은 환경보호청(Environmental Protection Agency)이 있으나 에너지부(Department of Energy)를 별도로 두고 있고, 일본은 환경성이 있으나 경제산업성에서 에너지를 담당하고 있다. 독일은 환경자연보존원자력안전부에서 원자력안전 규제기능을 담당하지만 에너지 전반에 대한 업무는 경제기술부에서 담당하고 있다. 영국은 환경식품농촌부가 있으나 에너지 업무는 기업규제개혁부(Department for Business, Enterprise and Regulatory Reform; BERR)가 담당하고 있다. 국내 에너지와 자원이 충분하지 않는 상태에서 에너지 자원 확보를 위해 국제협력과 탐사 활동이 여전히 중요한 실정이므로 무역과 국외 투자를 관장하는 기업자원부(산업자원부 개편)가 현행처럼 에너지・자원 행정을 담당하는 것이 필요하다고 본다.

2) 산림 행정

산림행정은 보존을 위한 규제 기능이 주이므로 환경부로 이관한다. 환경부 산하의 국립공원관리공단과 농림부 소속의 산림청을 통합하여 '자연보존청'으로 개편한다. 국립공원관리공단은 국립공원 내의 안전관리, 불법시설물 단속, 무단폐기물 단속 등의 규제업무를 수행하는데 민간인 신분으로 부여받은 권한은 제한적으로 규제집행의 어려움이 발생하고 있다. 공무원으로 신분을 전환하여 산림보존과 국립공원 관리 기능을 통합적으로 수행하게 되면 규제집행력도 확보하고 관할 중복에 따른 비효율을 줄일 수 있다.

3) 물 관리

물 관리 기능과 관련하여 건설교통부의 수자원 기능과 환경부의 수질 기능을 통합적으로 관리하자는 주장이 설득력이 있다. 어느 편으로 통합할지에 대하여서 우리나라는 물부족 국가로서 당분간 수요가 늘어나고 이에 대응한 수자원 공급량을 확보하기 위한 개발 활동이 중요하며 홍수 및 가뭄 예방이라는 치수 목적의 수자원 시설 관리가 중요하므로 건설교통부가 주도적 역할을 하여야 한다는 주장과 이제는 개발보다는 수질 보호가 더 중요하고 상수도 기능을 수행하고 있는 환경부로 물 관리가 일원화되어야 한다는 주장이 맞서고 있다.

기후변화에 따른 강우의 이상패턴이 나타나고 폭우에 의한 수해위험이 높아지고 있는 상황에서 물 관리의 환경부로의 일원화가 홍수예방 역량을 약화시킬 수 있다고 주장할 수도 있다. 그렇지만 건설교통부 수자원 기술인력이 환경부로 이관된다면 환경부의 홍수예방 및 대응 능력은 확보될 수 있다고 본다. 그리고 기상청을 환경부로 이관할 경우 기상청과 환경부 그리고 소방방재청이 협력하여 홍수 예방 및 대응 기능을 수행할 수 있다.

대체로 선진국에서는 물 관리 기능을 환경부에서 통합적으로 관리하는 추세에 있다. 우리나라도 장기적으로는 수자원시설 개발 기능은 '공간교통부'가 수행하고 개발된 댐 등의 시설의 운영은 '환경부'가 담당하는 방식을 채택하는 것이 바람직하다. 현재 산업단지 개발 기능은 건설교통부(와 한국토지공사)가 담당하고 산업단지 관리운영은 산업자원부(와 한국산업단지공단)가 담당하고 있는 역할분담 체제를 참조할 수 있다. '공간교통부'는 최적의 입지에 댐을 건설하고 환경부는 건설된 댐을 관리하게 된다. 현재 우리나라에서 운영되고 있는 주요 댐 중에서 건설교통부가 관장하는 다목적 댐, 산업자원부가 관장하는 대규모 수력발전용 댐은 환경부로 이관할 필요가 있다.

11. 소 결

현재의 재정경제부의 기능을 세분하여 경제정책 조정기능은 대통령비서실의 경제수석비서관과 국민경제자문회의가 주도적으로 수행한다. 기획예산처의 예산기능과 세제·국고관리 기능을 통합하여 '재무부'를 설치하고, 금융 정책과 감독 기능을 통합한 금융위원회를 설치한다. 장기적으로 금융감독원을 금융위원회로 통합한다.

과학기술자문회의 기능을 강화하여 과학기술정책 조정 기능을 수행하고 민간연구자 중심의 통합 과학기술연구회가 사무국 역할을 하면서 과학자 중심의 과학기술 정책결정 체제를 구현하고, 과학기술부와 교육인적자원부를 통합한 교육과학부가 행정적 지원을 하게 한다.

산업자원부, 중소기업특별위원회, 중소기업청과 정보통신부의 전송망, 정보기술 개발 등 정보통신 산업 진흥기능을 '기업자원부'로 통합한다. 정보통신부와 방송위원회의 영상콘텐츠 진흥 기능은 문화관광부로 이관하며 통신방송사업자에 대한 규제기능은 '정보매체위원회'가 담당한다. 우정사업을 담당하는 신설 '우체청'은 정부 출범 이후 공사체제로의 전환을 준비한다.

농림부의 모든 기능, 농촌진흥청의 농촌지도 기능, 해양수산부의 수산 기능, 식품의약품안전청의 식품안전 기능을 통합하여 '식품농수산부'를 설치한다. 건설교통부의 모든 기능과 해양수산부의 해운항만 기능을 통합하여 '공간교통부'를 설치하되, 장기적으로 수자원 시설의 운영기능은 환경부로 이관한다. 환경부 소속으로 기상청과 자연보존청(산림청과 국립공원관리공단 통합)을 두어 환경부의 기능을 강화한다.

제 9 장 새 정부조직 설계도

최고의사결정, 총괄지원통제, 국가질서유지, 교육문화복지, 경제산업공간 기능 영역별로 유력 대안을 종합하면 다음과 같다.

1. 최고의사결정 기능

대통령비서실은 전체적으로 조직과 인력을 줄이는데 장관급 비서실장-정책실장-안보실장 3두 체제를 비서실장 단두 체제로 개편하고 정책실의 통상적인 국정 모니터링과 조정 기능은 국무총리실로 이관한다. 국가안보와 정책기획 기능 중심으로 대통령비서실을 개편하고 민간전문가 집단의 대통령 자문기능을 활성화한다.

대통령비서실에 비서실장(국무위원) 하에 정무, 외교안보, 경제, 민정, 홍보(대변인), 총무, 인사 등 7인의 수석비서관(차관급)과 과학기술 보좌관(차관급)을 두는 방안을 제시한다. 국가안전보장회의, 국가과학기술자문회의, 국민경제자문회의, 민주평화통일자문회의 등 헌법에 근거한 4개 자문기구 외에, 정부개혁위원회(기관운영 자율화, 지방분권, 규제완화, 민영화 등)와 FTA전략위원회 등 상시적 자문기구와 3~4개 임시적 국가전략과제(일자리 창출, 교육 자율화 등) 조정·자문기구를 설치하면서 각 회의체의 사무국을 대통령비서실 소속으로 둔다. 대통령경호실은 현행 장관급을 차관급으로 조정한다.

국무총리의 국정업무 조정과 평가 기능을 강화하고 정무 및 공보 기능을 축소한다. 국무총리비서실과 국무조정실을 국무총리실로 통합하면서 조직과 인력을 줄이고 현행 국무총리비서실의 정무수석, 민정수석, 공보수석 비서관 기능은 대폭 축소하고 국무조정실 기능 중심으로 개편한다. 국무총리실장(장관급)은 차관회의를 주관하면서 기관간 정책이견에 대하여 실질적인 조율을 하게 된다. 국무총리실장 하에 기획차장, 사회문화차장, 산업공간차장 등 3인의 차관급 차장을 두는데 기획차장은 국무총리 비서기능과 국무총리실 총괄지원 기능을 수행한다. 사회문화차장과 산업공간차장은 기관간 업무조정, 정책평가, 규제관리, 다부처 협력 과제 추진 기능을 수행한다.

국무회의는 대통령비서실에서 주관하고 차관회의는 국무총리실에서 주관하는데, 대통령비서실과 국무총리실의 원활한 소통을 위해 대통령비서실장, 총무수석비서관, 국무총리실장, 기획차장이 참석하는 4인회의를 매일 개최한다. 부총리와 책임장관제도를 폐지하면서 국무총리, 대통령비서실장, 국무총리실장의 정책조정 역할을 강화되게 된다.

2. 총괄지원통제 기능

총괄지원통제 기능의 조직은 대폭 줄여서 영역별 정책을 담당하는 조직에 대한 관여 정도를 줄인다. 이미 행정정보시스템을 통해 업무 총괄기능을 상당 수준 구조화하였기 때문에 정부 스탭 기능을 줄여도 크게 문제되지 않는다.

행정자치부는 중앙인사위원회, 법제처, 국정홍보처의 기능을 통합하며, 소속 외청으로 경찰청, 해양경찰청, 소방방재청, 통계청을 둔다. 행정자치부는 수석 部로서 제2차관(자치지원), 제3차관(법제)을 두며 인사, 직제, 법제 기능을 통해 정부부문 개혁을 효과적으로 추진할 수 있게 된다. 감사원은 일부 감사위원 선임에서 국회와 대법원의 추천을 부가하고 국민고충처리위원회는 국무총리 소속으로 변경하되 현행 기능과 조직을 유지한다.

3. 국가질서 유지 기능

국가정보원은 국가정보실로 개편되면서 대북 및 국제 첩보 기능에 집중한다. 국가보훈처는 국가보훈실로 개편되면서 현행 장관급을 차관급으로 조정한다. 외교통상부는 재외국민 지원 기능을 강화하고 통상교섭 기능을 통상교섭대표부(외교통상부 소속) 형태로 유지한다. 통일부는 대북협력 사업의 집행 기능을 소관 행정기관으로 이관하고 기획총괄조정 기능에 집중한다. 국가비상기획위원회는 전시동원계획을 주관하는데 국방부도 점차 문민화하고 있기 때문에 큰 문제없이 비상기획기능을 국방부 내의 위원회 조직으로 재편할 수 있다. 방위사업청의 국방부 부서로 전환 논의가 있으나 개편의 비용이 상당할 것이므로 현행을 유지한다. 병무청을 지방으로 이양하자는 논의가 있으나 병무행정의 전국적 통일성 차원에서 당분간은 현행 유지하는 것이 적절하다고 본다.

국가인권위원회와 국가청렴위원회는 법무부 내의 기구로 재편된다. 검찰에 대한 견제로서의 공직부패수사처 설치 주장과 관련하여 당분간 특별검사 제도를 운영하면서 보완하는 것이 바람직하다고 판단한다. 진실화해를 위한 과거사정리위원회, 친일반민족행위진상규명위원회, 친일반민족행위자재산조사위원회 등은 4년의 활동시한이 도래하면 시한 연장 없이 해산한다. 2009년 이후에는 자치경찰제의 도입과 함께 기존 경찰청을 국가경찰청과 시·도 자치경찰청으로 분리하되 해양경찰을 통합한 국가경찰청을 설치한다.

4. 교육문화복지 기능

2010년부터 시·도 교육감을 주민직접선거를 통해 선출하게 되면서 초중등교육의 전면적인 지방자치가 예고되고 있다. 교육인적자원부의 유아 및 초중등교육 기능을 시·도 교육청으로 이관하며 교육인적자원부의 고등교육 기능과 과학기술부를 통합하여 교육과학부를 설치한다. 참고로 영국, 프랑스, 독일 등은 고등교육 기능과 연구개발 기능을 단일 기관에서 관장하게 하고 있고 일본도 문부과학성을 설치하여 교육과 과학 행정기능을 통합하고 있다.

문화관광부는 국가청소년위원회의 기능을 통합하고 방송영상 콘텐츠 진흥기능을 주관한다. 예술·문화·체육·종교·대외홍보

기능에 비해 그 동안 미약한 영상미디어·관광 등 산업진흥 기능을 강화한다. 여성가족부를 보건복지부에 통합하여 보건복지부 기능을 강화하며 양성평등위원회를 보건복지부 내부에 설치한다. 식품의약품안전청의 식품안전기능, 농림부의 전 기능, 해양수산부의 수산기능을 통합하여 식품농수산부를 설치하면서 과거 생산자 위주에서 소비자 위주의 식품 안전성과 품질을 우선하는 행정체제로 전환한다. 노동부를 고용노동부로 개편하여 노사관계 위주에서 취업지원, 고용안정화 위주로 기능을 전환한다.

5. 경제산업공간 기능

경제정책 조정기능은 대통령비서실(경제수석비서관)과 국민경제자문회의가 주도한다. 1960년대부터 경제기획원-재정경제원-재정경제부 등 오랫동안 경제부총리가 경제정책을 총괄하였다고는 하나 경제수석비서관이 경제부총리보다 더 강한 조정 권한을 가진 적도 많았다고 볼 수 있다. 이 개편 대안은 미국의 국가경제위원회(National Economic Council)와 경제보좌관을 참고하였고, 부총리 제도를 폐지하면서 대통령비서실의 경제조율 기능을 공식화하는 것이다.

기획예산처의 예산기능과 세제·국고회계 기능을 통합적으로 담당하는 재무부를 설치하고 공공기관의 개혁과 민영화를 적극적으로 추진하게 한다. 통합된 재정과 금융정책 기능을 함께 관장하면 지나치게 막강한 권한을 가진 기관이 되므로 금융정책기능을 분리한다. 금융 정책과 감독기능을 담당하는 금융위원회(장관급)를 재무부와 별도로 설치한다. 금융위원회는 현행 재정경제부의 금융정책 기능과 금융감독위원회, 금융감독원의 기능을 통합하게 된다. 금융위원회는 공무원조직이므로 현재의 금융감독원 직원들은 금융감독 직렬 공무원으로 전환된다. 소비자보호 정책은 공정거래위원회에서 담당하며 경쟁규제는 공정거래위원회 외에 금융위원회, 정보매체위원회 등 산업별 규제기관도 수행한다. 장기적으로 전기사업 등의 민영화 이후에는 통신·방송·우편·철도·고속도로·전기·가스·상수도 등 공기업의 민영화 이후 네트워크 성격의 산업 규제를 통합적으로 관장하는 '기반사업규제위원회'(network services regulatory commission)를 설치할 수 있다.

과학기술자문회의 기능을 강화하여 과학기술정책 조정 기능을 수행하고 민간연구자 중심의 과학기술연구회(현재 3개 연구회를 통합)가 사무국 역할을 하면서 과학자 중심의 과학기술 정책결정 체제를 구현하고, 과학기술부와 교육인적자원부를 통합한 '교육과학부'가 행정적 지원을 하게 한다. 중소기업특별위원회와 중소기업청 기능을 산업자원부와 통합하여 '기업자원부'(Ministry of Business & Energy)를 설치하여 기관간 중소기업 지원과 국외 정보서비스 중복을 해소한다. 현행 정보통신부의 전산 및 네트워크 산업진흥, 정보사회 지원 기능은 기업자원부로 통합하고 온라인콘텐츠산업 및 방송산업 진흥 기능은 문화관광부로 통합하고 정보통신 및 방송 서비스 규제, 주파수관리, 내용물 심의 기능은 '정보매체위원회'가 수행한다. 다른 대안으로 정보통신, 방송영상과 관련 융합기능을 통합하여 담당하는 '정보매체부'를 설치하는 안을 검토할 수 있다. 우정사업본부를 '우체청'으로 격상한 후 '우체공사'로의 전환을 준비한다.

농림부의 전 기능과 해양수산부의 수산기능, 식품의약품안전청의 식품안전 기능을 통합하여 식품농수산부를 설치하고 농업, 수산업, 식품산업의 진흥과 식품안전 기능을 수행하게 한다. 농업기술 연구개발은 식품농수산부 소속 연구기관으로 전환하고 농촌지도 기능은 식품농수산부의 기능으로 전환한다. 건설교통부에 해양수산부의 해양공간관리, 해운·항만 기능을 통합하여 '공간교통부'를 설치하고, 환경부에 수자원시설 관리 기능을 통합한다. 산림청과 국립공원관리공단을 통합하여 '자연보존청'을 환경부 외청으로 신설하며, 기상청을 환경부로 이관한다.

[그림 9-1] 개편 후 정부조직 기능 공간도(2008년 12월 31일 기준)

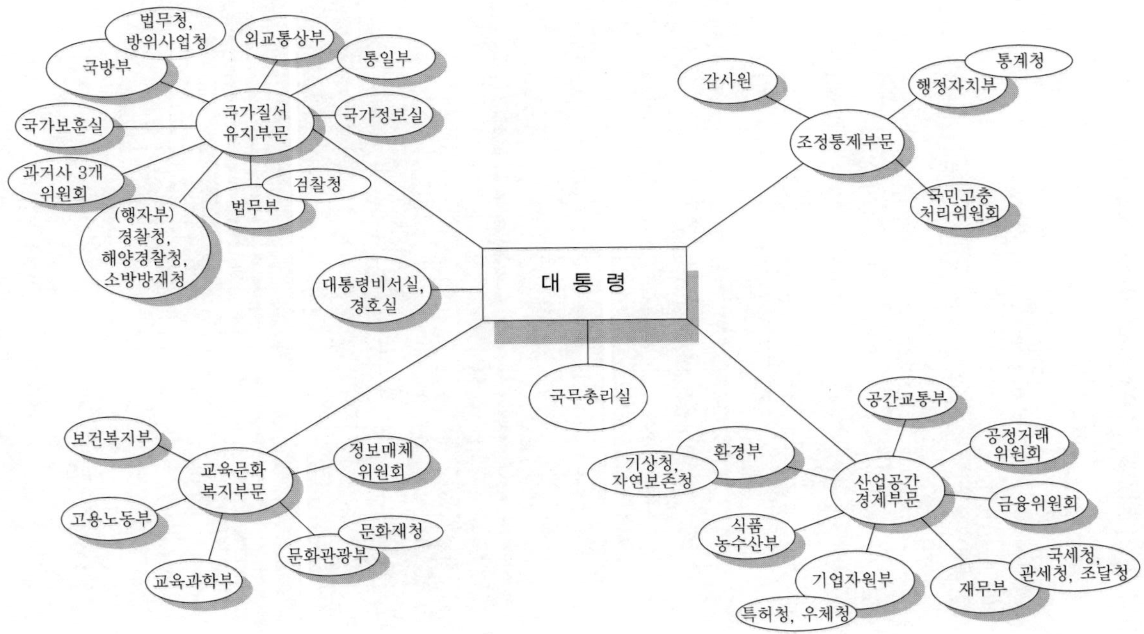

[그림 9-2] 개편후 정부조직도(2008년 12월 31일 기준)

1원 · 5실 · 14부 · 15청 · 7위원회

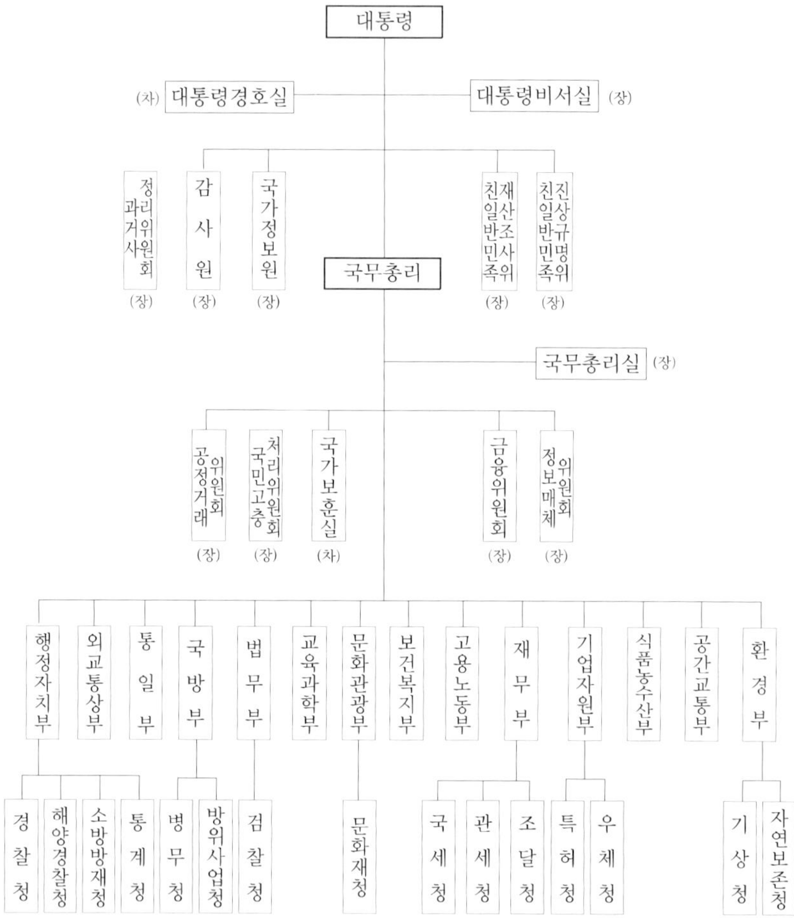

[그림 9-3] 개편후 정부조직도(2010년 7월 30일 기준)

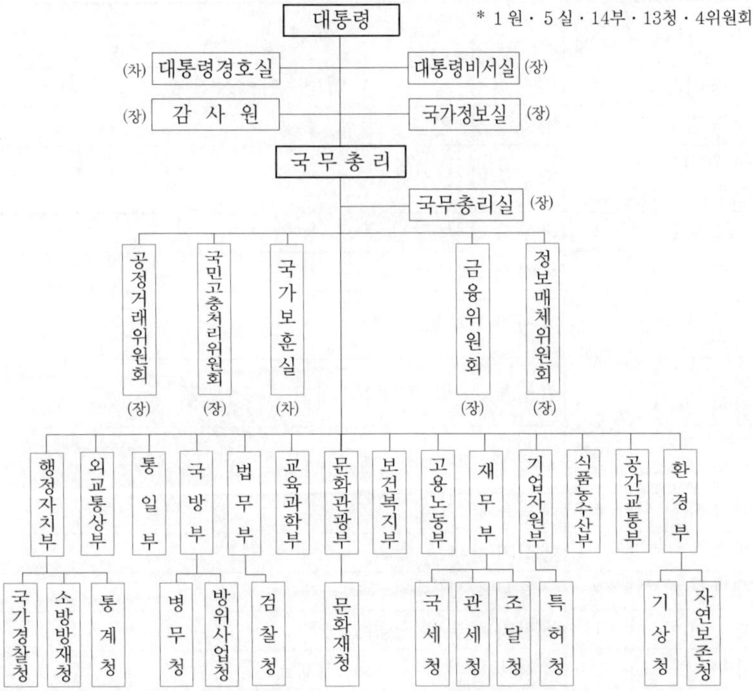

<표 9-1>에서 기존 행정기관들이 어떻게 개편되는지 설명하고 있다. 정부조직법 외에 다양한 기관설치근거 법령을 제·개정하여야 하기 때문에 한꺼번에 개편안 추진을 완료할 수가 없다. 따라서 3개 단계로 추진할 것을 제안하며, 1단계는 새 정부 출범 시점, 2단계는 2008년 하반기, 3단계는 2009년~2010년으로 상정할 수 있다.

〈표 9-1〉 기존 중앙행정기관별 개편 내용

기존 기관	개편 단계	개편 후 기관
대통령비서실	1	비서실장 장관으로 임명. 정책실장·안보실장 폐지
대통령경호실	1	경호실장 차관급으로 조정
국무총리비서실	1	**국무총리실**(장관급)로 통합
국무조정실	1	**국무총리실**(장관급)로 통합
국가정보원	2	**국가정보실**(장관급)로 개편
중앙인사위원회	1	**행정자치부**로 통합
국가인권위원회	2	법무부 내의 기구로 개편
국가청렴위원회	2	법무부 내의 기구로 개편
기획예산처	1	**재무부**로 통합
법제처	1	**행정자치부**로 통합
국가보훈처	2	**국가보훈실**(차관급)로 개편
국정홍보처	1	**행정자치부**로 통합
국방부	2	국가비상기획위원회 기능을 통합함
국가비상기획위원회	2	국방부 내의 기구로 개편
법무부	2	국가인권위원회, 국가청렴위원회 기능을 통합함
행정자치부	1	중앙인사위원회, 법제처, 국정홍보처 기능 통합
경찰청	3	2009년 자치경찰제 도입 후 경찰청의 국가경찰기능은 신설 **국가경찰청**이 수행 자치경찰기능은 시 · 도 소속으로 자치경찰청으로 이관
교육인적자원부	1	**교육과학부**로 통합
과학기술부	1	**교육과학부**로 통합
기상청	2	**환경부**로 소속 변경
문화관광부	1,2	디지털콘텐츠 기능 이관받음. 국가청소년위원회 기능을 통합함

〈표 9-1〉 기존 행정기관의 개편 내용 (계속)

기존 기관	개편 단계	개편 후 기관
방송위원회	1	방송영상 진흥 기능 문화관광부로 이관, 방송사업 규제 기능 신설 **정보매체위원회**로 이관
국가청소년 위원회	2	**문화관광부**로 통합
보건복지부	1	여성가족부 기능 통합
식품의약품 안전청	2	식품안전 기능은 **식품농수산부**로 통합, 의약품안전 기능은 **보건복지부** 의약품안전원으로 개편됨.
여성가족부	1	**보건복지부**로 통합
노동부	1	**고용노동부**로 명칭 변경
재정경제부	1	기획예산처와 통합한 **재무부**로 개편, 경제정책총괄조정 기능→ 대통령비서실, 금융정책 → **금융위원회**
통계청	2	**행정자치부**로 소속 변경
금융감독 위원회	1,2	재경부 금융정책 기능과 통합하여 **금융위원회**로 개편 금융감독원을 **금융위원회**로 통합(공무원신분으로 전환)
산업자원부	1	정보통신네트워크 진흥 기능 통합, 중소기업청, 중소기업특별위원회를 통합, **기업자원부**로 명칭 변경
중소기업청	1	**기업자원부**로 통합
중소기업 특별위원회	1	**기업자원부**로 통합
정보통신부	1,3	네트워크 기능 기업자원부로 콘텐츠 기능 문화관광부로 통합, 우정사업본부를 기업자원부 소속 **우체청**으로 격상, 통신사업 규제 기능 신설 **정보매체위원회**로 이관. 2009-2010년 우체청을 **우체공사**로 전환
농림부	2	**식품농수산부**로 통합

〈표 9-1〉 기존 행정기관의 개편 내용 (계속)

기존 기관	개편 단계	개편 후 기관
농촌진흥청	2,3	농촌지도 기능은 **식품농수산부**로 통합 농업기술개발 및 연구 기능은 출연연구기관으로 변경
산림청	2	국립공원관리공단과 통합하여 **자연보존청**으로 개편. **환경부**로 소속 변경
건설교통부	2	행정중심복합도시건설청 통합, 해양해운 기능 통합, **공간교통부**로 명칭 변경
행정중심복합도시건설청	2	**공간교통부**로 통합
해양수산부	2	해양 해운 기능은 **공간교통부**로 통합 수산 기능은 **식품농수산부**로 통합
해양경찰청	2,3	행정자치부로 소속 변경 2009년 자치경찰제 도입 후 **국가경찰청**으로 통합
진실화해를 위한 과거사 정리위원회	3	활동시한 종료 후 해산
친일반민족행위진상규명위원회	3	활동시한 종료 후 해산
친일반민족행위자재산조사위원회	3	활동시한 종료 후 해산
2009년 하반기까지 현행 유지 기관 : 감사원, 국민고충처리위원회, 외교통상부, 통일부, 환경부, 공정거래위원회, 소방방재청, 국세청, 관세청, 조달청, 특허청, 문화재청		

6. 개편의 효과

개편안이 적용되면 [그림 3-1]의 현재 정부조직(2007년 11월 30일 기준)인 2원·4실·18부·4처·13위원회 등 총 59개 행정기관은 [그림 9-2]와 같이 2008년 12월 기준으로 1원·5실·14부·15청·7위원회 등 총 42개 행정기관으로 개편되면서 17개 기관이 줄어든다. 과거사 관련 3개 위원회가 활동을 종료하고 자치경찰제가 실시되면서 경찰청과 해양경찰청을 통합하여 국가경찰청을 설치하고 우체청을 우체공사로 전환하는 2010년 7월 시점에는 [그림 9-3]과 같이 1원·5실·14부·13청·4위원회 등 총 37개 행정기관으로 줄어들게 되면 현재에 비해 38%인 22개 행정기관이 감축되는 셈이다.

<표 9-2>와 같이 현재 장관급 직위는 39개(장관직 19개), 차관급 직위는 92개(차관직 23개)이다.(독립기구인 방송위원회와 국가인권위원회, 과거사정리위원회 등은 포함하였으나 군인, 외교관, 검찰, 대학교원 등 장차관급 예우 직위는 제외한다)

2008년 12월 기준 개편 후에는 장관급 직위는 26개(장관직 15개)로 현재보다 13개 줄어들고(34% 감소), 차관급 직위는 73개(차관직 23개)로 19개 줄어들면서(21% 감소) 현재보다 총 장·차관급 직위 수는 32개 줄어들게 된다(25% 감소).

국가경찰청과 우체공사가 출범하고 과거사관련 3개 한시적 위원회가 활동을 종료하는 2010년 7월 기준으로는 장관급 직위는

23개(장관직 15개)로 현재보다 16개 줄어들고(41% 감소), 차관급 직위는 65개(차관직 23개)로 27개 줄어들면서(30% 감소) 현재보다 총 장·차관급 직위 수는 43개 줄어들게 된다(33% 감소).

〈표 9-2〉 현재 정부조직 정무직 표(2007. 12. 30. 현재)

기관	장관(급)	차관(급)
대통령, 국무총리		
감사원	원장	감사위원 6인, 사무총장
대통령비서실	비서실장·정책실장·안보실장	수석비서관(시민사회·민정·홍보·인사·경제정책·사회정책·혁신관리·안보정책) 8인, 보좌관(경제·정보과학기술) 2인
대통령경호실	실장	차장
국무총리비서실		실장
국무조정실	실장	차장(기획, 정책) 2인
국가정보원	원장	차장 3인
중앙인사위원회	위원장	
중소기업특별위원회	-	
국민고충처리위원회	위원장	
국가청렴위원회	위원장	상임위원(사무처장 겸임), 상임위원
공정거래위원회	위원장	부위원장
금융감독위원회	위원장	부위원장
국가비상기획위원회		위원장
국가청소년위원회		위원장
기획예산처	장관	차관
법제처	처장	차장
국가보훈처	처장	차장
국정홍보처		처장

〈표 9-2〉 현재 정부조직 정무직 표(계속)(2007. 12. 30. 현재)

기관	장관(급)	차관(급)
재정경제부	장관(부총리)	차관 2인, 국세청장, 관세청장, 조달청장, 통계청장
교육인적자원부	장관(부총리)	차관
과학기술부	장관(부총리)	차관, 과학기술혁신본부장, 기상청장
통일부	장관	차관
외교통상부	장관	차관 2인, 통상교섭본부장(대외적으로 장관급)
법무부	장관	차관, 검찰총장(장관급 예우)
국방부	장관	차관, 병무청장, 방위사업청장
행정자치부	장관	차관 2인, 중앙공무원교육원장, 경찰청장, 소방방재청장, 경찰위원회 상임위원
문화관광부	장관	차관, 문화재청장, 국립박물관장
농림부	장관	차관, 농촌진흥청장, 산림청장
산업자원부	장관	차관 2인, 중소기업청장, 특허청장
정보통신부	장관	차관
보건복지부	장관	차관, 식품의약품안전청장
환경부	장관	차관
노동부	장관, 중앙노동위원장	차관
여성가족부	장관	차관
건설교통부	장관	차관, 행정중심복합도시건설청장
해양수산부	장관	차관, 해양경찰청장
방송위원회	위원장	부위원장, 상임위원 3인
국가인권위원회	위원장	상임위원 3인
친일반민족행위진상규명위	위원장	상임위원
진실화해를위한과거사정리위원회	위원장	상임위원 3인
친일반민족행위자재산조사위원회	위원장	상임위원(사무처장 겸임), 상임위원
41(+18청)	39	92

※ 군인, 외교관, 검찰, 대학교원 등의 장차관급 예우 직위 제외

〈표 9-3〉 개편 후 정부조직과 정무직 표(2008년 12월 기준)

기관(개편후)	장관(급)	차관(급)
대통령, 국무총리		
감사원	원장	감사위원 6인, 사무총장
대통령비서실	비서실장 (장관)	수석비서관(정무·외교안보·경제·민정·홍보·총무·인사) 7인, 과학기술보좌관
국무총리실	실장	차장(기획·사회문화·산업공간) 3인
국가정보실	실장	차장 2인
대통령경호실		실장
국가보훈실		실장
국민고충 처리위원회	위원장	
공정거래 위원회	위원장	부위원장
금융위원회	위원장	부위원장
정보매체 위원회	위원장	부위원장
행정자치부	장관	차관 3인, 행정심판위원장, 소청심사위원장, 중앙공무원교육원장, 경찰청장, 해양경찰청장, 소방방재청장, 통계청장
외교통상부	장관	차관 2인, 통상교섭대표(대외적으로 장관급)
통일부	장관	차관
국방부	장관	차관, 병무청장, 방위사업청장
법무부	장관	차관, 검찰총장(장관급 예우)
교육과학부	장관	차관 2인
문화관광부	장관	차관, 문화재청장
보건복지부	장관	차관 2인
고용노동부	장관, 중앙노동위원장	차관
재무부	장관	차관 2인, 국세청장, 관세청장, 조달청장
기업자원부	장관	차관 2인, 특허청장, 우체청장

〈표 9-3〉 개편 후 정부조직과 정무직 표(계속)(2008년 12월 기준)

기관(개편후)	장관(급)	차관(급)
식품농수산부	장관	차관 2인
공간교통부	장관	차관 2인
환경부	장관	차관, 기상청장, 자연보존청장
친일반민족 행위진상 규명위원회	위원장	상임위원
진실화해를위 한과거사정리 위원회*	위원장	상임위원 3인
친일반민족행 위자재산조사 위원회	위원장	상임위원(사무처장 겸임), 상임위원
27(+15청)	26	73

※ 군인, 외교관, 검찰, 대학교원 등의 장차관급 예우 직위의 경우는 제외함.

* 독립위원회임.

〈표 9-4〉 현재와 개편 후(2008. 12. 기준) 정부조직과 정무직 비교

	현재	개편 후	감축
행정기관 수	59 (2원 4실 18부 4처 18청 13위원회)	42 (1원 5실 14부 15청 7위원회)	17
장관(급) 직위	39 (장관 19, 장관급 20)	26 (장관 15, 장관급 11)	13
차관(급) 직위	92 (차관 23, 차관급 69)	73 (차관 23, 차관급 50)	19

※ 군인, 외교관, 검찰, 대학교원 등의 장차관급 예우 직위의 경우는 제외함.

〈표 9-5〉 현재와 개편 후(2010. 7. 기준) 정부조직과 정무직 비교

	현재	개편 후	감축
행정기관 수	59(2원 4실 18부 4처 18청 13위원회)	37(1원 5실 14부 13청 4위원회)	22
장관(급) 직위	39(장관 19, 장관급 20)	23(장관 15, 장관급 8)	16
차관(급) 직위	92(차관 23, 차관급 69)	65(차관 23, 차관급 42)	27

※ 군인, 외교관, 검찰, 대학교원 등의 장차관급 예우 직위의 경우는 제외함.

제10장 정부조직 개편 전략

1. 추진환경과 일정

1) 추진환경

새 정부 출범 전에 조직 개편안을 마련하고 조직관련 법률을 확정하고 기관장 인사까지 마무리하는 것은 결코 쉬운 과제는 아니다. 당선 확정에서 취임까지 67일이라는 짧은 기간 동안에 대통령당선인이라는 신분으로 정부와 국회의 협조를 받아 조직개편 작업을 수행하여야 하는데 대통령당선인으로서의 과중한 업무 여건을 감안한다면 개편작업 추진이 험난할 수도 있다. 특히 2008년 4월 9일 국회의원 선거가 예정되어 있어 국회와 정당은 대통령 선거 후 곧바로 국회의원선거 후보공천과 대책위원회 체제로 전환될 것이고 국회의원 개인은 정당공천 및 선거 준비에 열중할 것으로 전망된다. 따라서 각 정당과 국회의원들은 법률 제·개정, 인사청문회 등 국회활동을 소홀히 할 것으로 예상된다.

정부조직 개편 특히 중앙행정기관의 조직개편 논의는 해당 기관 소속 공무원은 물론 관련 공공기관과 민간부문의 이해관계에도 크게 영향을 미친다고 인식되고 있다. 관련 중앙정부 조직의 위상과 규모 그리고 수행기능에 따라 정부 및 공공부문의 자원배분이 영향을 받아왔고 따라서 관련 연구소, 대학, 직능단체, 사회단체 등 공공 및 민간부문의 종사자들은 이해관계에 따라 정부조직 개편에 직간접적으로 관여하여 왔다. 조직이 통폐합되거나 기능이 이관되는 등 정부조직 개편안에 영향을 받는 행정기관은 공무원은 물론 산하 공공기관이나 관련 민간 이익집단과 함께 조직 이익을 위해 다양한 압력 활동을 할 것이다. 대통령 당선인과 인수위원회 그리고 소속 정당의 선거대책위원회 핵심 참여자는 상당한 압력을 받으면서도 국회의 효율적인 지원을 받지 못한 상태에서 조직개편 안을 추진할 가능성이 크다.

2) 추진일정

"새 술은 새 부대에 부어라"는 말도 있듯이 새 정부는 새로운 정부조직 체계로 출범하여야 한다. 새 정부 출범에 조직개편 일정을 맞추기 위해서 역순으로 추진 가능 일정을 계산해 보기로 한다. 2008년 2월 25일 취임하는 대통령이 자신이 임명한 새 국무총리와 장관과 함께 업무를 시작하기 위해서는 국무총리, 장관, 국가정보원장(개편 후 국가정보실장), 경찰청장의 인사청문회를 순조롭게 새 정부 출범일 전에 마무리되어야 한다.[37] 따라서 국회의 인사청문회가 청문 요청 후 최소 3주 정도 소요되는 것을 감안한다면 국무총리, 장관, 국정원장, 경찰청장 등의 후보 내정은 2월 4일 전까지는 확정하여야 한다. 장관을 임명하기 위해서는 행정 각부를 개편하는 정부조직개편 방안이 늦어도 1월 말일까지는 확정되어야 하며 이를 위해서는 정부조직법 개

37) 검찰총장과 경찰청장은 임기가 있으나 새 대통령의 취임 직후 사표를 내고 새 대통령에게 재신임을 묻는 것이 정치적으로 합리적이다.

정안이 1월 하순에 국회를 통과하고 공포되어야 한다.

현재 한나라당 의석수는 129석으로 대통합민주신당 135석에 비해 열세인 점을 감안한다면 대통합민주신당과 민주노동당(9석) 등이 법안에 반대하거나 통과를 지연시킬 경우 정부조직법 개정안 및 부수 법률 개정안이 표류할 수도 있다. 정부조직을 대규모로 개편하는 방안을 담은 정부조직법 개정안은 국회 내에서 긴 논의과정을 필요로 하기 때문에 대통령당선인과 대통령직인수위원회는 중폭의 개편 방안을 담은 정부조직법 개정안을 제시하여야 하고 정부조직법 개정과 가칭 '정보매체위원회법' 제정 이외의 법률 개정은 부칙으로 담을 정도의 형식적 내용에 한정하는 것이 적절하다. 가능하면 국회 행정자치위원회와 방송통신특별위원회로 정부조직 논의를 한정하는 것이 효과적인 법률안 통과 전략이라고 본다.

정부조직법 개정안을 2008년 1월 초순까지 대통령직인수위원회에서 확정하여야 1월 중순에 국회에서 한나라당 소속 국회의원들이 의원입법 형태로 발의할 수 있다. 12월 20일 중앙선거관리위원회의 대통령당선자 확정공고 이후 대통령직인수위원회는 통상 12월 26일경에 출범하게 되는데 결국 대통령직인수위원회는 보름 정도밖에 정부조직개편안을 검토할 시간이 없다.

물론 대통령직인수위원회가 선택한 대안을 담은 정부조직법 개정안이 발표되고 국회 행정자치위원회에 상정되면서 다양한 의견이 개진되고 공청회도 개최될 수 있고 최종 국회 본회의를 통과하면서 대통령직인수위원회가 제안한 정부조직법 개정안에서 일부 내용이 수정될 수도 있다. 그러나 대통령당선인이 막강한 정치적 영향력을 발휘하고 국회의원들은 2008년 4월 선거 준비로 정부조직 개편 논의에 깊이 관여하기 어렵다고 판단된다. 따라서 정부조직 개편에 대한 실질적인 검토는 대통령 선거 전의 대통령선거대책위원회가 수행할 수밖에 없고 당선 확정 후 대통령직인수위원회가 선거대책위원회에서 검토했던 대안들 중에서 최종안을 선택할 수밖에 없다. 따라서 새 정부의 정부조직개편 대안들은 유력 대통령선거대책위원회(본부)의 참모 역할을 하는 전문가 집단이 마련할 수밖에 없다.

2. 단계적 개편 방안

2008년 1월 국회에서는 부·실·청·위원회 조직 개편을 담은 정부조직법 개정안이 제출되어 논의될 것으로 본다. 이 과정에서 국가정보원, 국가인권위원회, 금융감독위원회, 금융감독원, 국립공원관리공단 등 부·처·청이 아닌 국가기관이나 공공기관의 조직개편을 위한 개별 법률 개정안을 동시에 제의하기는 쉽지 않다. 다만 지난 1년 동안 정부와 국회 내에서 방송통신융합에 대응한 행정기구 개편 논의 과정에서 도출된 정보통신부와 방송위원회의 기능 통합 방안의 하나인 '정보매체위원회' 설치운영법률안은 예외적으로 포함할 수 있다. 대부분의 별도의 법령적 근거를 가진 기관의 장은 임기가 진행되고 있기 때문에 위원회 등의 기관 개편은 새 정부 출범 후 추진하여도 무방하다.

정부조직법 개정안에는 각 부·실·청 개편안을 포함하되 국회 일정이 순조롭지 않을 경우에는 일단 부·처·실 개편(행정자치부, 교육인적자원부, 과학기술부, 보건복지부, 산업자원부, 국정홍보처 국무총리비서실, 국무조정실 등)과 명칭변경과 직급조정(국가정보원, 국가보훈처), 청 폐지(중소기업청, 식품의약품안전청), 부총리제 폐지 등을 반영한 수정안을 통과하게 할 필요가 있다.

중앙인사위원회와 행정자치부의 통합(국가공무원법), 우정사업본부의 우체청 전환(우정사업운영에관한특례법 개정)[38] 등은 정부조직법 개정 부칙 조항에 담을 수 있을 것이므로 1단계 개편안에 포함될 수 있다. 새 정부 출범 후 순차적으로 정부조직 개편안을 추진하기 위해서 대통령자문 '정부개혁위원회'를 정부 출범 직후에 설치할 필요가 있다.[39]

2008년 6월 말경 제18대 국회가 구성된 후에 정부는 산림청과 국립공원관리공단의 '자연보존청'으로 통합(정부조직법과 자연공원법), 국가인권위원회 개편(국가인권위원회법), 국가청렴위원회 개편(부패방지법), 금융위원회와 금융감독원 통합(금융감독기구 등의 설치법), 국가비상기획위원회 개편(비상대비자원관리법), 국

---

38) 정부조직법 개정만으로 가능하나 통계청과 기상청의 소속 변경 사항의 경우 국회 재정경제위원회와 과학기술정보통신위원회의 소관 기관이 줄어들면서 상임위원회의 권한 축소에 따른 해당 상임위원회 국회의원들의 반대가 예상됨으로 제1차 정부조직법 개정안에 포함하지 않았다.

39) 현재 정부혁신지방분권위원회(설치근거 대통령령)를 정부개혁위원회로 개편하면 된다.

가청소년위원회 개편(청소년기본법) 등을 위한 기관설치 근거 법률의 조직 관련 조항을 개정하는 안을 제출한다.

정부는 2008년 정기국회 제출을 목표로 우체청의 공사화, 자치경찰제 도입, 국립대학 법인화, 농촌진흥청 개편 작업을 진행하며, 제도 시행은 임기 후반기에는 많은 저항이 예상되므로 늦어도 2010년까지는 완료되어야 한다.

1) 1단계 조직개편안

새 정부 출범 전에 정부조직을 신속히 개편하기 위해서는 국회와 여야 정당이 안정적인 구도를 유지하는 것이 도움이 된다. 하지만 대통령당선인이 정부조직개편 작업을 주도할 2007년 12월 하순과 2008년 1월 초중순경은 국회 및 정당의 상황이 대단히 불안한 시점일 것으로 예상된다. 2008년 4월 9일 18대 국회의원 선거를 대비하여 각 정당의 국회의원 선거 공천 작업이 진행될 것이고 따라서 1월 중순에 발의될 정부조직법 개정안에 대한 논의가 각 정당과 국회에서 충분히 이루어지기 어렵다. 대통령당선인도 대통령직인수위원회 활동을 지휘하고 대국민과 대외국정부와의 접촉 활동을 활발하게 하는 과정에서 정부조직법 개정에 지속적인 관심을 보이기 쉽지 않을 것이다.

따라서 대통령 당선인의 새 정부는 그 동안 정부 안팎에서 개편의 필요성이 논의되었고 개편방안에 대한 공감대가 형성된 영역에 한정하여 정부조직개편안을 제안하는 것이 현실적인 선택이다. 정부조직 개편을 위한 정부조직법 개정안의 조기 국회 통과를 위해서는 개편의 범위를 축소하여 예비 야당, 개편 대상 기관과 관련 이익집단의 저항을 키우지 않아야 한다.

정부조직법 개정과 '정보매체위원회 설치법' 제정에 집중하며, 단계적으로 중앙행정기관 수를 줄이는 방안을 제안해 본다. 유사 기능을 수행하는 기관을 大部主義에 따라 통합하게 된다. 미국, 영국, 일본, 독일, 프랑스 등 선진국 중앙정부의 내각장관 행정기관을 참조하여 개편안을 마련하였다.

최고의사결정과 총괄조정 기능을 대통령비서실을 중심으로 국무총리실, 행정자치부, 재무부 3두 체제를 구성한다.

- 대통령비서실의 정책실장과 안보실장을 폐지한다.
- 국무총리비서실과 국무조정실을 통합하여 **국무총리실**을 설치한다.
- 3인의 부총리제를 폐지한다.
  국무총리의 행정기관 간 정책 조정 권한을 강화한다.
- 중앙인사위원회, 국정홍보처(국외 홍보 제외), 법제처를 **행정자치부**로 통합한다. 행정자치부를 수석 部로 한다. 국정홍보처의 국외홍보 기능은 **문화관광부**로 통합한다.
- 기획예산처의 모든 기능과 재정경제부의 세제·국고회계 기능을 통합하여 **재무부**를 설치한다. 디지털예산회계시스템을 통한 통합 재정운영 체제를 구현한다.
- 재정경제부의 금융정책 기능을 금융감독위원회로 이관하여

금융위원회를 설치한다.

금융감독원은 금융위원회 소속의 민간특수법인으로 현행 유지한다.

- 과학기술부와 교육인적자원부를 통합하여 **교육과학부**를 설치한다.

  교육인적자원부의 유아·초중등 교육 기능을 지방으로 이양한다.

- 산업자원부, 중소기업특별위원회, 중소기업청을 통합하여 **기업자원부**를 설치한다.
- 방송통신융합에 대응하여 규제기구를 통합한다.

  정보통신부의 통신산업진흥 기능을 **기업자원부**로 이관하고 디지털콘텐츠진흥 기능을 문화관광부로 이관한다. 방송통신서비스 규제 기능을 '**정보매체위원회**'가 담당한다.

  정보통신부의 우정사업본부를 **기업자원부** 소속 '**우체청**'으로 격상한다.

  방송통신융합추진위원회와 국회 방송통신특별위원회(2008. 3. 31 종료)의 기구 개편 관련한 심의 결과를 활용한다(인터넷멀티미디어방송사업법과 이명박 후보 서비스 조기 시행 공약을 참조함).

- 여성가족부를 **보건복지부**로 통합한다.
- 노동부 명칭을 **고용노동부**로 개정한다.

1단계 개편 결과, 장관은 4인(**기획예산, 교육·과학기술, 정보통신, 여성가족**), 장관급은 4인(**중앙인사위원장, 법제처장, 대통령비서실 정책실장, 안보실장**)이 줄어들게 되고, 조직은 **1실·3부·3**

[그림 10-1] 1단계 개편 후 정부조직도 (2008.2. 25)

2원 · 3실 · 15부 · 1처 · 18청 · 11위원회

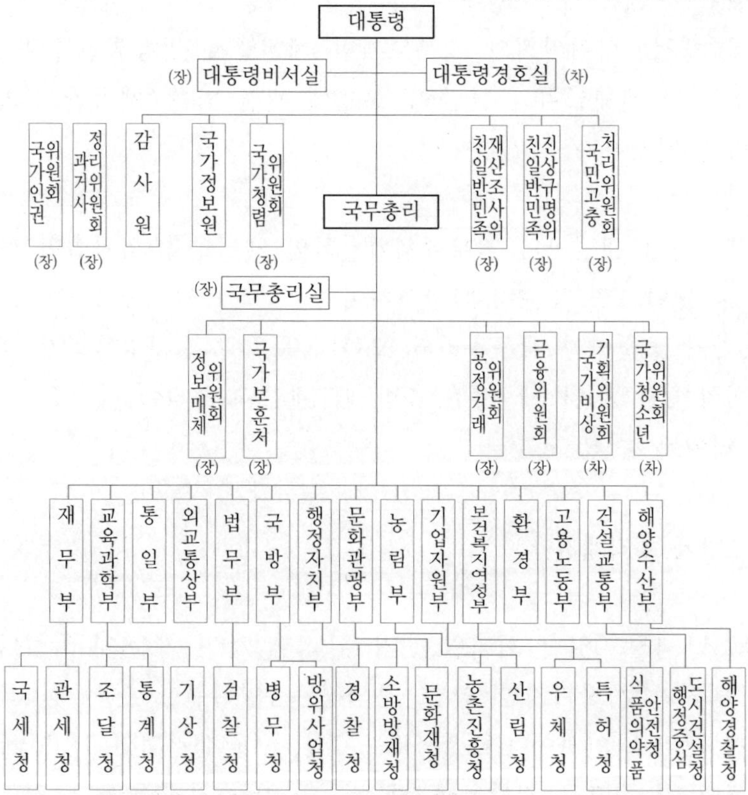

처 · 2위원회 총 9개 기관이 줄어들게 된다.

실 · 부 · 처 · 청의 개정은 정부조직법 개정만으로 가능하지만 위원회의 경우 별도의 근거법률 개정이 필요하다. **금융위원회** 관련한 '금융감독기구의 설치 등에 관한 법률' 개정은 정부조직법 개정 부칙 조항의 형식으로 하고 **정보매체위원회** 관련한 '방송법',

'전기통신기본법', '전기통신사업법' 등 관련법률 개정은 '정보매체위원회 설립 및 운영에 관한 법률' 제정 부칙 형식으로 한다. 국회 행정자치위원회의 정부조직법 개정안과 방송통신특별위원회의 '정보매체위원회 설립 및 운영에 관한 법률' 제정안 심의를 신속히 진행한다.

정부조직법 개정안과 정보매체위원회법 제정안을 의원입법 형태로 2008년 1월 중순경에 발의하여 1월 말까지는 공포하여야 한다. 2월 중순까지 국무총리와 모든 국무위원 인사청문회가 개최되어야 2월 25일 새 정부 출범 때 개편된 조직에 새로운 장관이 임명될 수 있다.

2) 2단계 조직개편안

2008년 4월 9일 국회의원 선거 후 5월 30일 제18대 국회의원의 임기가 시작되지만 의장, 부의장, 상임위원장 인선 등 국회 개원 준비로 인하여 6월 말 또는 7월 초에 실질적인 18대 국회 개원이 될 것으로 전망된다. 새 정부는 9월 정기 국회에 정부조직 개편을 위해 정부조직법, 금융감독기구의 설치 등에 관한 법률, 부패방지법, 청소년기본법 등 관련 법률의 제·개정안을 제출하게 될 것이고 국회 논의를 거쳐서 12월 중하순경에 개정 법률을 공포하고 조직개편에 따르는 일부 장관직의 임명을 할 것으로 예상한다.

2단계 정부조직 개편에서는 1단계에서 국회의원 선거를 앞두고 다루기에 정치적으로 민감한 성격의 조직이나 정부조직법 아닌 법령에 근거한 조직에 대한 개편을 하게 된다. 식품농수산부, 기상청, 국가청소년위원회 등 1단계 개편에서 미루어진 부·처·청·위원회의 개편과 금융감독원과 국립공원관리공단 직원을 공무원으로 전환하는 개편 방안을 포함하게 된다.

- 국가정보원 명칭을 국가정보실로 개정한다.
- 국가인권위원회와 국가청렴위원회를 법무부로 통합한다.
- 국가보훈처를 국가보훈실(차관급)로 개편한다.
- 금융감독원을 '금융위원회'로 통합한다.
  금융감독원 직원 신분을 공무원으로 전환한다.
- 국가비상기획위원회를 국방부로 통합한다.
- 국가청소년위원회를 문화관광부로 통합한다.
- 농림부의 모든 기능, 해양수산부의 수산기능, 식품의약품안전청의 식품안전 기능을 통합하여 식품농수산부를 설치한다. 식품의약품안전청은 보건복지부의 소속기관인 의약품안전원으로 개편한다.
- 농촌진흥청의 지도기능을 식품농수산부로 이관한다. 농촌진흥청의 농업기술개발 기능은 작목별 과학원으로 세분하여 식품농수산부 소속기관으로 개편한다.
- 해양수산부의 해양·항만·해운 기능을 건설교통부로 통합하여 공간교통부를 설치한다.
- 해양경찰청을 행정자치부 소속으로 변경한다.
- 산림청과 국립공원관리공단을 통합하여 환경부 소속 자연보존청을 설치한다.

- 기상청을 환경부 소속으로 변경한다.
- 행정중심복합도시건설청을 '공간교통부'로 통합한다.
- 통계청을 행정자치부 소속으로 변경한다.
- 한국산업기술대학교, 한국기술교육대학교 등을 교육과학부 소속으로 변경한다.

현재 민간인 신분인 금융감독원 직원의 공무원 전환에는 금융감독원 직원노동조합이 반발할 수도 있다. 현재 민간인 직원으로서 높은 급여 수준이 공무원으로 전환되었을 때 큰 폭으로 줄어드는 것과 타 기관의 행정공무원들이 '금융위원회'(1차 개편에서 금융감독위원회 확대)로 전입하여 장기적으로는 행정공무원들이 조직 내 주요 보직을 독차지할 것 등을 우려하면서 반발할 수 있다. 국립공원관리공단 직원의 경우에는 공무원 전환에 큰 반발이 없을 것으로 본다.

2단계 개편안이 완료되면 1단계에 비해 1부, 3청, 4위원회 등 8개 행정기관이 감축되어 중앙행정기관은 현재 59개에서 42개로 줄어들게 된다. 금융감독원과 국립공원관리공단 직원이 공무원 신분으로 전환되므로 국가공무원 총정원을 유지하기 위해서는 도로관리 · 식품안전 · 기업지원 · 지역통계 등 집행 기능 지방이양에 따른 관련 정원 감축을 추진하여야 한다.

3) 3단계 조직개편안

2009년경에 추진될 3단계의 정부조직 개편안에는 대폭적인 지방이양이 요구되거나 직원들의 신분이 변경되는 사항들을 포함하게 된다. 자치경찰제의 도입으로 인한 국가경찰청의 설립(해양경찰청의 통합 · 개편), '우체청'의 한국우체공사로의 전환, 농촌진흥청 연구기관들의 출연 연구기관 전환, 국립대학교의 법인화 등 이해관계자들의 상당한 갈등이 예상되고 국회에서도 장기간 논의될 가능성이 큰 개편안이다.

- 시 · 도 지사 소속으로 자치경찰위원회와 자치경찰청을 설치한다.
  경찰청과 해양경찰청의 자치경찰 기능을 시 · 도로 이양한다.
- 우체청을 우체공사로 전환한다.
- 식품농수산부 소속의 구 농촌진흥청의 연구기관을 과학기술계 출연연구기관으로 전환한다.
- 국립대학교를 특수법인으로 전환한다.
- 과거사 관련 3개 위원회의 활동이 종료된다.

자치경찰제의 경우 경찰청과 국회의원들의 강한 반대가 예상되지만 지방자치단체 및 지방의회의 적극적인 지원이 있을 것으로 기대된다. 시 · 도 단위로 시 · 도 지사에 소속된 자치경찰위원회를 설치하고 위원회가 자치경찰청을 감독하는 형태를 제안한다.

우체청의 공사화에서는 우체청의 건물 등 부동산 자산은 정부(기업자원부)의 우체자산공단이 맡고 우체공사는 자동차 집배송 장비, 사무집기 등의 자산을 이관 받는 등 자산의 분리와 3만여명 공무원의 퇴직금과 공무원 연금 문제를 해결하여야 한다.

국립대학교의 법인화와 농촌진흥청 연구기관 출연기관화의 경우 교직원과 연구직 공무원들의 공무원 연금 혜택의 연장 문제가 주요 쟁점이 될 것이다.

3단계 개편 작업이 완료되면 2단계에 비해 2청, 3위원회 등 총 5개 기관이 감축되어 2010년 7월 기준으로 정부조직은 1원·5실·14부·13청·4위원회 등 총 37개 행정기관으로 간편해진다(현재 59개에 비해 22개 행정기관이 감소함). 조직개편 1·2단계에서는 공무원 정원 감축이 거의 없으나 3단계에서는 자치경찰제 시행, 우체청 공사화, 국립대학 법인화, 농업기술연구기관 출연기관화로 인하여 국가공무원 정원이 대폭 줄어드는 효과가 발생한다.

〈표 10-1〉 단계별 조직개편 내용

<table>
<tr><th>현재</th><th>1단계</th><th>2단계</th><th>3단계</th></tr>
<tr><td>대통령비서실</td><td>정책실장·안보실장 폐지. 비서실장 국무위원</td><td></td><td></td></tr>
<tr><td>대통령경호실</td><td>경호실장 차관급</td><td></td><td></td></tr>
<tr><td>국무총리비서실</td><td rowspan="2">국무총리실(장관급)</td><td rowspan="2"></td><td rowspan="2"></td></tr>
<tr><td>국무조정실</td></tr>
<tr><td>행정자치부</td><td rowspan="4">행정자치부</td><td rowspan="4"></td><td rowspan="4"></td></tr>
<tr><td>법제처</td></tr>
<tr><td>국정홍보처</td></tr>
<tr><td>중앙인사위원회</td></tr>
<tr><td>통계청</td><td>재무부 소속</td><td>행정자치부 소속</td><td></td></tr>
<tr><td>국가정보원</td><td></td><td>국가정보실(장관급)</td><td></td></tr>
<tr><td>국방부</td><td></td><td rowspan="2">국방부</td><td rowspan="2"></td></tr>
<tr><td>국가비상기획위원회</td><td></td></tr>
<tr><td>국가보훈처</td><td></td><td>국가보훈실(차관급)</td><td></td></tr>
<tr><td>법무부</td><td></td><td rowspan="3">법무부</td><td rowspan="3"></td></tr>
<tr><td>국가인권위원회</td><td></td></tr>
<tr><td>국가청렴위원회</td><td></td></tr>
<tr><td>경찰청</td><td></td><td></td><td rowspan="2">국가경찰청 설치, 자치경찰기능 시·도이양</td></tr>
<tr><td>해양경찰청</td><td>해양수산부 소속</td><td>행정자치부 소속</td></tr>
<tr><td>교육인적자원부</td><td rowspan="2">교육과학부, 초중등 지방이양</td><td rowspan="2"></td><td rowspan="2">국립대학 법인화</td></tr>
<tr><td>과학기술부</td></tr>
</table>

〈표 10-1〉 단계별 조직개편 내용(계속)

<table>
<tr><th>현재</th><th>1단계</th><th>2단계</th><th>3단계</th></tr>
<tr><td>문화관광부</td><td rowspan="3">문화관광부</td><td rowspan="4">문화관광부</td><td rowspan="4"></td></tr>
<tr><td>정보통신부
디지털콘텐츠</td></tr>
<tr><td>방송위원회
방송진흥</td></tr>
<tr><td>국가청소년위원회</td><td></td></tr>
<tr><td>보건복지부</td><td rowspan="2">보건복지부</td><td rowspan="3">보건복지부
(소속 의약품안전원)</td><td rowspan="3"></td></tr>
<tr><td>여성가족부</td></tr>
<tr><td>식품의약품안전청
의약품안전</td><td></td></tr>
<tr><td>노동부</td><td>고용노동부</td><td></td><td></td></tr>
<tr><td>재정경제부
세제·국고회계</td><td rowspan="2">재무부. 경제정책 총괄조정은 대통령비서실</td><td rowspan="2">재무부</td><td rowspan="2"></td></tr>
<tr><td>기획예산처</td></tr>
<tr><td>금융감독위원회</td><td rowspan="2">금융위원회</td><td rowspan="2">금융감독원 통합
(공무원신분으로 전환)</td><td rowspan="2"></td></tr>
<tr><td>재정경제부
금융정책</td></tr>
<tr><td>산업자원부</td><td rowspan="4">기업자원부</td><td rowspan="4"></td><td rowspan="4"></td></tr>
<tr><td>정보통신부
네트워크 진흥</td></tr>
<tr><td>중소기업청</td></tr>
<tr><td>중소기업
특별위원회</td></tr>
<tr><td>정보통신부
우정사업</td><td>우체청</td><td></td><td>우체공사</td></tr>
<tr><td>정보통신부
통신규제</td><td rowspan="2">정보매체위원회</td><td rowspan="2"></td><td rowspan="2"></td></tr>
<tr><td>방송위원회</td></tr>
</table>

〈표 10-1〉 단계별 조직개편 내용(계속)

현재	1단계	2단계	3단계
농림부		**식품농수산부**	
해양수산부 수산			
식품의약품안전청 식품안전			
농촌진흥청 농촌지도			
농촌진흥청 연구개발		농촌진흥청 폐지 **식품농수산부** 소속 기관	출연연구기관
건설교통부		**공간교통부**	
해양수산부 해양해운			
행정중심복합도시 건설청			
산림청	농림부 소속	국립공원관리공단과 통합 **자연보존청 (환경부 소속)**	**자연보존청**
기상청	**교육과학부** 소속	**환경부** 소속	
진실화해를 위한 과거사정리위원회			활동 종료 후 해산
친일반민족행위 진상규명위원회			활동 종료 후 해산
친일반민족행위자 재산조사위원회			활동 종료 후 해산
현행 유지 기관 : 감사원, 국민고충처리위원회, 외교통상부, 통일부, 환경부, 공정거래위원회, 소방방재청, 검찰청, 국세청, 관세청, 조달청, 문화재청, 특허청			

3. 맺음말

정부조직 개편안이 3단계까지 모두 집행되면, 대통령을 보좌하는 대통령비서실을 중심으로 국무총리실, 행정자치부, 재무부의 3두 체제를 구성하고, 국가질서유지(외교통상, 통일, 국방, 법무), 교육문화복지(교육과학, 문화관광, 보건복지, 고용노동), 경제산업공간(기업자원, 식품농수산, 공간교통, 환경) 기능별로 행정각부를 설치하게 된다. 위원회 조직은 공정거래, 금융, 정보매체, 고충처리 기능을 제외하고 행정 각부로 통합된다.

대통령직인수위원회가 마련한 정부조직 설계 방안이 완결되기 위해서는 새 정부 출범 이후에도 새 대통령과 그가 임명하는 국무총리·장관들은 정부조직 개편안에 대하여 일관된 입장을 공유하여야 한다. 정부 출범 후 44일 만에 국회의원 선거라는 큰 정치 일정이 있기 때문에 이들 간의 공유된 입장이 없다면 국회, 정당, 직업관료, 언론의 일관성 없는 주장과 압력에 함몰되어 조직개편은 한없이 표류할 수 있다. 단번에 정부조직개편을 할 수 없고 단계적으로 추진해야 하는 상황에서 대통령당선인과 인수위원회 위원들은 물론 새 정부 출범 후 대통령, 국무총리, 그리고 장관들의 팀플레이를 기대한다.

보론: 대통령직 인수 과제*

2007년 12월 20일 당선이 확정된 후 대통령당선인(이하 '당선인')에게는 큰 영광에 상응하는 수많은 임무가 부여된다. 당장 정당의 실질적 지도자로서 2008년 4월 9일 국회의원 선거를 준비하여야 하고, 국민의 기대에 부응하기 위해 정치개혁과 사회통합을 위한 비전을 제시하기도 하여야 한다. 이 글에서는 대통령직인수위원회를 중심으로 대통령당선인 및 신임 대통령의 의사결정에 관련된 사항을 체계적으로 정리함으로써 예비대통령으로서의 기능을 보다 효과적으로 수행할 수 있게 도움을 주고자 한다. 4월 국회의원선거는 성격상 정치행사이므로 한나라당 중심으로 대비하는 것이 적절하기 때문에 논의에서 제외한다.

'대통령직인수에 관한 법률'(2003. 2. 4. 제정)(이하 '인수법')에 따라 당선인을 보좌하여 대통령직의 인수와 관련된 업무를 담당하는 대통령직인수위원회(이하 '인수위원회')가 설치된다. 통상 당선인은 정당 경선을 통해 선출되고 선거 후에도 실질적으로 정당의 대표지도자의 위상을 갖고 있으므로 당선인 소속 정당을 중심으로 새로운 정책을 구상하고 주요 정부직위에 대한 인선 작업을 하고 정부조직 개편안을 작성할 가능성도 있다. 그러나 인수법에 따라 당선인에게 사실상 대통령에 준하는 지위와 권한

---

* 2007년 12월 9일 작성되었다.

이 주어지고 인수위원회는 새로 출범하는 정부의 모태가 된다는 점에서 인수 업무는 사실상 인수위원회 중심으로 이루어질 가능성이 훨씬 더 크다. 따라서 이 글에서는 인수조직을 인수위원회 중심으로 검토하기로 한다. 그리고 당선인이 2007년 12월 임시국회에서 현행 인수법 개정을 주도할 수도 있으나, 소요되는 기간을 감안한다면 법 개정은 사실상 불필요하고 불가능하다고 판단되므로 현행 인수법 체계 하에서 논의하기로 한다.

1. 인수위원회 체계와 운영

1) 인수위원회의 기능

인수법에 따라 당선인으로 결정된 시점부터 대통령 취임(2008. 2. 25) 후 30일까지 인수위원회는 활동할 수 있다.[40] 대통령 취임 후 30일 기간에는 활동 결과를 정리하여 백서 발간작업을 하므로, 인수위원회의 주요한 활동은 대통령 취임 전에 이루어진다.

인수위원회의 주 기능으로 첫째, 중앙행정기관으로부터 정부의 조직·기능·예산 등 기본사항과 주요 정책의 진행 현황을 보고받으며, 둘째, 새 정부의 정책기조·국정비전·국정과제 등을 설

40) 대통령당선이 확정되는 순간부터 당선된 대통령후보는 '대통령직인수에 관한 법률'에 따라 대통령당선인의 지위와 권한을 가지게 된다. 통상 개표가 완료되는 선거 다음날(12월 20일) 공직선거법 제187조에 따라 중앙선거관리위원회 위원장이 당선인을 공고하고 지체 없이 당선인에게 당선증을 교부하게 된다.

정하고, 셋째, 주요 정책 중 변경을 해야 할 정책을 선별하여 검토한다. 넷째, 대통령취임행사를 준비한다.

인수위원회에서 수행할 수도 있고 다른 기구에서 수행할 수도 있는 기능으로 행정부의 고위직 인사추천과 정부조직 개편안 제시 기능이 있다. 국무총리, 장관 등 주요 정무직 인사는 당선인과 국무총리·대통령비서실장 내정자(지명자)와 당선인 핵심 참모가 의사결정을 하지만 정무직 인사에 대한 후보군 명부를 작성하고 검증하는 초기 단계 선발 절차는 인수위원회가 수행하는 것이 적절하다. 16대 대통령직인수위원회(노무현 정부 출범 준비)는 장관에 대한 우편·온라인 국민추천 절차를 진행하기도 하였다. 대통령 취임 전에 인수위원회가 아닌 비공식기구가 인사보좌 기능을 수행할 경우 인사권로비를 사칭하는 일이 다반사로 발생하고 후보자들의 자가발전이 분분하는 등 상당한 인사절차 운영상의 혼란이 예상되고 밀실인사라는 여론의 비판이 거셀 것으로 본다.

대규모 정부조직 개혁을 단행할 경우에는 인수위원회와 별도로 당선인 소속 정당 또는 정부 내에 정부조직개편위원회를 설치 운영하는 방안과 인수위원회 내 정부조직개편 분과위원회를 두는 방안이 있다.[41] 소규모 정부조직개편을 할 경우에는 인수위원회의 한 분과위원회(전략기획) 내의 부서 또는 작업반 형태의

41) 1997년 12월 15대 인수위원회(김대중 정부 준비)와 별도로 설치된 정부개편심의위원회에서 정부조직개편 시안을 작성하였다. 다만 정부개편심의위원회는 인수위원회의 특별활동예산을 사용하였다.

조직이 담당할 수 있다.

국정 전반 또는 영역별 당선인을 자문하는 기구들이 인수위원회에 설치 운영될 수 있으며, 구체적인 기구 형태와 규모 그리고 운영 방식 등은 국민들의 요구와 당선인의 국정 방향과 운영 방식에 대한 철학 등에 따라 달라질 것이다. 국정전반 또는 영역별(경제활성화, 사회통합, 정치개혁 등)로 당선인의 자문기구를 운영하고자 할 경우에는 인수위원회와 별도의 기구로 설치하는 것은 법률적 근거가 없기 때문에 정치적으로나 재정적으로 바람직하지 않다. 따라서 당선인 자문기구는 인수위원회 내 자문위원회 형태로 두는 방안을 제시한다.

요약하자면, 인수위원회의 기능으로 정부업무현황 파악, 국정과제 설정, 주요 정책 변경 검토, 대통령취임식 준비, 정부조직 개편안 제시, 고위직 인사추천, 자문위원회 지원 등을 포함한다. 당선인이 총리·장관의 인선을 위해 인수위원회와 별도로 '특임기구'를 설치하고자 할 경우에는 장단점을 조기에 검토해야 할 것이다.

2) 인수위원회 조직

인수법은 인수위원회를 위원장 1인, 부위원장 1인, 24인 이내의 위원으로 구성하며 전문위원과 사무직원을 둘 수 있게 규정하고 있다. 인수법 시행령 제4조에 따라 인수위원회 내에 분과위원회와 자문위원회, 실·팀 등의 하부조직과 대변인을 둘 수 있다.

16대 인수위원회에서는 위원장(임채정) 이하에 부위원장(김진표), 6개 분과위원회와 국민참여센터를 두었다. 분과위원회는 기획조정, 정무, 외교·통일·안보, 경제1, 경제2, 여성·사회·문화 등 6개를 두었고 분과위원회는 간사 1인, 위원 3인(기획조정은 1인)으로 구성되었고 국민참여센터는 본부장 1인과 부본부장 1인을 두어 전체 인수위원회는 위원장, 부위원장, 24인의 위원 등 26인으로 구성하였다. 16대 인수위원회는 정부조직의 구조적 개편은 하지 않는다는 당선인의 방침에 따라 정부조직 개편 기능을 전혀 수행하지 않았다. 대통령취임식 준비는 분과위원회와 별도로 '취임행사준비위원회', '취임행사실행준비위원회', '취임행사준비팀'을 설치하였다.

17대 인수위원회의 위원장 하에 부위원장, 분과위원회, 자문위원회, 대변인, 국회정당연락관을 설치하는 조직체계를 제안한다.

첫째, 대통령취임식행사준비 작업은 하나의 분과위원회로 설치할 필요가 있다. 업무의 중요성과 긴급성을 감안하여 위원장 소속으로 설치하며 취임식행사준비위원회는 행정자치부와 외교통상부의 취임식행사지원팀을 지휘한다. 행사에 외빈을 초청할 경우 일정이 촉박하므로 취임식행사준비위원회는 외빈 초청후보목록 작성을 최우선적으로 하여야 한다.

둘째, 분과위원회를 어떻게 구성하는가는 향후 정부정책기조 설정과 정책 변경 검토, 정부조직 개편에 영향을 주게 된다. 16대 인수위원회의 경우 기획조정, 정무, 외교·통일·국방, 경제1,

경제2, 여성·사회·문화 분과위원회와 국민참여센터로 7개 분과위원회를 운영하였으며, 대변인과 행정실을 별도로 두고 사실상 인수위원 격 지위를 부여한 것을 참고할 수 있다.

다음 표와 같이 대통령취임식행사준비위원회를 포함하여 총 9개 분과위원회를 설치한다. 국민의 정책제안이나 고충접수를 담당하는 분과위원회는 '국민과 통하는 마당'으로 명칭한다.

인수위원회 분과위원회

분과위원회	인수위원	소관 기관
대통령취임식 행사준비 위원회	행사준비 위원장, 행사준비 부위원장	-
전략기획 분과위원회	간사, 위원 1인	대통령비서실, 대통령경호실, 국무총리비서실, 국무조정실
행정법무 분과위원회	간사, 위원 4인	행정자치부, 중앙인사위원회, 법제처, 국정홍보처, 통계청, 국민고충처리위원회, 법무부(검찰청), 경찰청, 소방방재청, 해양경찰청, 국가보훈처, 국가청렴위원회, 친일반민족행위진상규명위원회, 친일반민족행위자재산조사위원회, 국가인권위원회*, 과거사정리위원회*
외교안보 분과위원회	간사, 위원 2인	외교통상부, 통일부, 국방부(병무청, 방위사업청), 국가정보원, 국가비상기획위원회
교육복지 분과위원회	간사, 위원 2인	교육인적자원부, 과학기술부, 문화관광부(문화재청), 보건복지부, 여성가족부, 노동부, 국가청소년위원회
재정금융 분과위원회	간사, 위원 1인	기획예산처, 재정경제부(국세청, 관세청, 조달청), 공정거래위원회, 금융감독위원회(금융감독원), 한국은행*

인수위원회 분과위원회(계속)

분과위원회	인수위원	소관 기관
기업산업 분과위원회	간사, 위원 2인	산업자원부(특허청, 중소기업청), 중소기업특별위원회, 정보통신부, 농림부(농촌진흥청), 식품의약품안전청, 방송위원회*
국토환경 분과위원회	간사, 위원 1인	건설교통부(행정중심도시건설청), 해양수산부, 환경부, 기상청, 산림청
국민과 통하는 마당	마당장(간사), 위원 1인	-

* 표시 기관은 대통령소속 기관이 아닌 독립기관이나 해당 기관의 동의를 받는 것을 전제로 업무 파악 차원에서 보고를 받음.

각 분과위원회는 2~5인의 인수위원으로 구성되고 인수위원 중 1인을 간사로 지명한다. 위원장 1인, 부위원장 1인, 인수위원 24인으로 인수위원회를 구성하며, 정치발전, 경제살리기, 사회화합 등 3개 자문위원회와 국회정당연락실을 둔다. 인수위원회 위원장 소속의 대변인을 두어 인수위원회의 대외 의사표현은 대변인을 통하게 하여 위원회의 혼선을 최소화한다. 전략기획분과위원회는 소관기관에 대한 업무 인수활동과 함께 분과위원회 활동방향을 기획조정하고 정부조직개편안을 작성하는 기능도 수행한다.

'정치발전자문위원회'는 대통령과 여당과의 관계, 공천 제도 개선, 정치자금 투명성 제고 등에 대하여 당선인을 자문하고, '경제살리기자문위원회'는 경제활성화, 경제분야 규제개혁, 중소기업 지원, 미래성장동력 등에 관하여 당선인을 자문하며, '사회화합자문위원회'는 노사관계, 대기업-중소기업관계, 수도권-비수도

권, 지역간 협력관계에 대하여 당선인을 자문한다.

3) 당선인 비서실 인선

인수위원회 구성에 앞서 당선인은 자신의 의사결정, 대국민 발표 그리고 일정관리를 보좌하는 조직을 구성하여야 한다. 선거대책위원회에서 이어진 수행비서진이 초기에 지원하겠지만 당선 확정 후 조기에 당선인 비서실장을 임명하고 비서진을 구성하여야 한다. 비서진은 의전, 외교, 언론, 전략 전문가를 포함하여 10인 이하 최소한으로 구성하고 이들은 정부출범 후 대통령비서실에 근무하게 한다.

4) 인수위원회 인선

당선인은 당선 확정된 12월 20일부터 인수위원회 위원 인선에 착수하여야 한다. 취임일까지 67일이라는 짧은 기간 동안 인수위원회 활동 기간을 최대한 확보하기 위해서는 인수위원회 위원 인선이 단기에 확정되고 인수위원회가 출범하여야 한다.

인수위원회의 위원으로 참여할 인사들을 새 정부 출범 후 정부 외부에서 주로 후원하는 성격으로 선정할지 아니면 새 정부에서 대통령을 보좌하는 성격으로 선정할지를 결정하여야 한다. 이미 2008년 예산이 확정되고 다양한 정부 정책이 추진되고 있는 마당에 인수위원은 인수위원회 활동을 통해 얻은 지식과 정보를 새 행정부 참여 인사에게 제공하고 행정부 외곽에 머무는 것은 비효율적이다. 인수위원회의 활동기간 동안 얻은 지식과 정보는 새 행정부에서 즉시 활용되어야 하는 것이고 따라서 16대 인수위원회와 같이 인수위원의 과반수가 대통령 보좌기관에 투입되는 것이 지식과 인력활용 면에서 효과적인 방안이다. 16대 인수위원회의 인수위원 대부분은 노무현 정부 5년 동안 장·차관급 요직에 임용되었다.

당선인의 인사 중 가장 중요한 인사는 대통령비서실장과 국무총리 내정이다. 인수위원회 위원장을 대통령비서실장 또는 국무총리 내정자와 동일인으로 지명할지 아닐지를 검토해야 할 것이다. 2002년 12월에서 2003년 2월 기간 동안 노무현 당선인은 임채정 인수위원장, 문희상 대통령비서실장 내정자, 고건 국무총리 내정자를 임명·지명하였다. 인수위원회 위원장을 대통령비서실장 또는 국무총리 내정자와 동일인으로 지명하는 것은 적절하지 않다고 본다. 왜냐하면 국무총리 내정자는 국회 인준동의 절차를 준비해야 하고 대통령비서실장 내정자는 대통령비서실 인선을 주도해야 하기 때문에 정부 인수 작업에 전념하기 어렵다.

당선인 비서실장의 경우 대통령비서실장으로 그대로 연결할지 아니면 새로운 대통령비서실장을 둘지는 검토해야 한다. 인수위원장이 별도로 있다면 당선인 비서실장을 대통령비서실장 내정자로 하는 것이 적절하다고 본다.

당선인은 인수위원장, 부위원장, 인수위원을 조기에 확정하여야 인수위원회 활동기간을 최대한 확보하게 된다. 인수위원장, 부위원장, 인수위원은 연령대, 출신배경 구성비, 지역별, 출신대학별 분포 등을 고려하여 인선하여야 한다.

당선인은 가장 먼저 당선인 비서실장을 임명하고 다음으로 인수위원장을 대통령비서실장과 국무총리 내정자 아닌 자로 임명한다. 이 과정에서 당선인은 선거대책위원회 공동위원장들과 대통령후보 비서실장의 추천을 받고 후보자를 면담한 후에 임명하는 것이 적절하다.[12월 22～23일]

당선인은 당선인비서실장(이하에서는 대통령비서실장 내정자로 가정함)과 인수위원장과 상의하여 인수위원선임 작업을 하여[12월 23～24일] 12월 25일 인수위원 명단을 발표한다. 인수위원의 다수가 새 정부의 정무직, 1급, 고위공무원단급으로 참여한다면 인수위원의 절대 다수는 40대 후반 50대 중반 정도의 연령층의 대표성 또는 전문성을 갖춘 인사로 구성하는 것이 좋겠다. 인수위원의 출신은 정치인, 경제 · 법조인, 학계 · 연구계 전문가 각각 1/3씩 배분하는 것이 좋겠다. 그리고 출신 지역, 출신 대학교, 성별에 대한 안배가 필요하다.

인수위원회는 12월 26일 출범하며 위원장, 부위원장, 8인의 간사가 참석하는 인수위원회 간사회의를 통해 전문위원을 선임하며 사무직원은 각 분과위원회에서 선임한다. 전문위원은 약 80명, 사무직원은 약 170명(사무보조원 10명 포함) 정도로 충원한다. 전문위원은 구성도 인수위원 구성과 유사하게 정치인, 경제 · 법조인, 학계 · 연구계로 1/3 비율로 배분하는 것이 적절하다. 행정기관과 공공기관에서 파견을 받는 공무원은 고위공무원단 아닌 3~5급에서 선발해서 인수위원과 전문위원을 순수하게 사무 지원하는 역할을 수행하게 하여야 한다.

취임식행사준비위원회와 자문위원회 위원은 당선인이 선거대책위원회 주요 역할자의 추천을 받아 당선인비서실장, 인수위원장과 협의한 후 임명한다. 12월 28일경에 당선인이 행사준비위원회의 위원 약 20인을 위촉한다. 위원은 사회 각계의 대표성이 있는 50~60대 연령층의 15인과 행사기획 전문가 5인으로 구성되는 것이 좋겠다. 취임식행사준비위와 자문위에 4월 9일 국회의원 선거에 출마하는 인사는 원칙적으로 배제하는 것이 적절하다고 본다.

당선인 자문위원회는 12월 30일 전후에 구성하는데 3개 자문위원회 위원 발표를 동시에 할 수도 있고 순차적으로 할 수도 있다. 순차적으로 할 경우 국민의 요구와 이명박 당선인의 정책우선 순위를 고려하여 경제살리기, 사회화합, 정치발전 순서로 자문위원회 위원 선임을 발표하는 것이 좋겠다.

경제살리기자문위원회는 위원장(현전직 기업인)과 위원 14인으로 구성하며 위원은 기업인(7), 노동계(4), 학계·연구계(3)로 안배하여 선임한다. 사회화합자문위원회는 2인의 공동위원장(노동계 1인, 중소기업계 1인)과 노동계 3인, 중소기업계 3인, 호남(3)·영남(3)·충청(2)·강원(1)·제주(1) 등 비수도권 지역대표 10인 등 위원 16인으로 구성한다. 정치발전자문위원회는 위원장

(여당 최고위원 중 1인)과 위원 6인으로 구성하는데 위원에서 4월 국회의원 선거에 출마하려는 자는 제외한다.

각 자문위원회는 전국 여러 곳을 돌며 매주 1~2회 회의를 개최하며 토의 결과를 수시로 당선인과 인수위원회에 전달한다. 2008년 2월 14~16일 3일 동안 경제살리기, 사회화합, 정치발전 자문위원회가 차례로 정책제언을 당선인에게 전달하는 행사를 개최하며 국무총리 및 장관(급) 내정자도 배석한다.

5) 인수위원회 공간

인수위원회는 현 대통령과 국무총리 그리고 정부중앙청사와 멀지 않는 곳에 위치하여야 한다. 13대 취임준비위원회는 삼청동 금융연수원 별관, 14대 인수위원회는 여의도동 뉴서울빌딩, 15대 인수위원회는 삼청동 교육행정연수원, 16대 인수위원회는 정부중앙청사 별관을 사용하였다. 인수위원회 상근인력 규모가 15대에는 208명, 16대에는 247명이었는데, 강북 시내에 270~300명 정도를 수용할 수 있는 사무실 공간을 확보하는 것이 쉽지 않을 것이다.

현재 중앙청사 별관은 외교통상부 등이 사용하고 있다. 정책기획위원회가 별관 4층의 일부를 사용하고 있으나 인수위원회와 같은 큰 조직을 위한 여유공간이 있을지 의문이 된다. 물론 중앙청사 별관에 여유공간이 있으면 인수위원회로는 가장 좋은 공간이 된다. 효자로 정부합동청사는 교육혁신위원회가 5층을 사용하고 있는데 전체 건물 사용이 가능하다면 차선이 된다.

다음 대안으로 청와대와 정부중앙청사에서 멀지 않은 초등학교 건물을 고려할 수 있다. 중·고등학교는 겨울방학 시작이 늦고 방학 기간이 짧기 때문에 사용하기 어렵다. 초등학교 겨울방학이 12월 20일부터 2월 초순까지이므로 인수위원회가 가장 바쁜 기간 동안은 사용할 수 있다. 단점은 중간에 공간을 옮기는 것이다. 교동초등학교(운현궁 남쪽), 청운초등학교(청와대 서쪽), 재동초등학교(헌법재판소 부근), 덕수초등학교(조선일보 서쪽), 매동초등학교(사직공원 북쪽) 등이 후보이다.

다른 대안으로 별도의 민간 건물을 임차하는 것인데 13대 인수위원회는 삼청동 금융연수원 건물을 사용하였다. 현재 대통령·국무총리 자문위원회가 사용하는 공간을 사용하는 방안도 고려할 수 있다. 정부중앙청사와 거리가 있으나 장충동길 민주평화통일자문위원회 사무처가 사용하는 자유센터를 대안으로 고려할 수 있다. 정부혁신지방분권위원회가 사용 중인 흥국생명빌딩 13층 외에 인접 층수를 임차할 수 있다면 인수위원회 공간이 될 수 있다. 단점은 건물 전체를 임차하는 것이 아니기 때문에 보안성의 문제가 있다.

6) 인수위원회 구성 일정

일 자	의사결정	비고
12. 20 목	인수위원회 조직안 결정	
12. 21 금	인수위원회 공간 확정 당선인 비서실장 임명	
12. 22 토	인수위원회 위원장 임명	
12. 22 토 - 25 화	당선인비서실 비서진 임명	
12. 23 일	인수위원회 부위원장 임명	
12. 24 월	취임식행사준비위원회 위원장 임명	
12. 25 화	인수위원회 위원 및 간사 명단 발표	크리스마스
12. 26 수	인수위원회 출범, 인수위원회 전문위원 명단 발표	
12. 27 목	새 정부 별명 공모	
12. 28 금	취임식행사준비위원회 위원 명단 발표	
12. 29 토	경제살리기자문위원회 위원 명단 발표	
12. 30 일	사회화합자문위원회 위원 명단 발표	
12. 31 월	정치발전자문위원회 위원 명단 발표	
1.1 -2.13	자문위원회 회의 및 활동	
2. 14 목	경제살리기자문위원회 제언 전달	
2. 15 금	사회화합자문위원회 제언 전달	
2. 16 토	정치발전자문위원회 제언 전달	
2. 25 월	대통령취임식 행사	
3. 26 수	17대 인수위원회 해단식	

2. 국정과제 설정

1) 국정과제와 대통령과제 구성

선거 기간 동안 사용한 선거 구호를 바탕으로 새 정부의 별명을 만들 수 있는데 노태우 정부의 '6공정부', 김영삼 정부의 '문민정부', 김대중 정부의 '국민의 정부', 노무현 정부의 '참여정부'는 대국민 상징의 효과도 있지만 국정의 핵심기조를 암시하기도 한다. 이명박 당선인은 대통령선거 기간 동안 '일하는 정부' '국민성공 시대' 구호와 실용주의와 '실용정부'라는 단어를 많이 사용하였다.

이명박 정부의 별명으로 '**통하는 정부**'를 제안한다. 국민과 정부가 소통하고, 대통령과 장관·공무원이 소통하고, 대기업과 중소기업이 소통하고, 지역이 서로 소통하고, 북한과 주변 국가들과 소통하는 정부이고, 경제, 국민생활복지, 교육문화 환경 등에서 문제를 해결하는 형통하는 정부이다. 국제관계 미래성장 등 큰 정책을 결정하고 세부적 집행 기능은 과감히 지방정부와 민간부문으로 이양하는 통 큰 정부이다.

'통하는 정부'에 걸맞은 국정비전과 국정과제를 도출하여야 한다. 김대중 정부는 100대 과제를 선정하였고 노무현 정부는 12대 국정과제 하에서 100대 과제와 수백 개의 세부과제를 선정하였다. 5년 동안 추진할 과제로 100개는 지나치게 많다고 보며 50개 과제는 좀 적다는 판단이다. 국정비전에 따른 4~5대 부문별 국정목표 하에 60~80개 국정과제를 도출하는 것이 좋겠다. 15~16인의 장관과 장관급 원장·위원장 3~4명을 예상하고 장관별로 평균 4개 과제가 할당되는 것을 감안하였다. 숫자로는 행운이 가득한 77개를 제안한다. 선정된 77개 과제를 대통령과제로 명칭하고 대통령비서실에서 지속적으로 점검하겠다고 천명한다.

국정과제 후보군은 선거공약에 포함된 과제에서 우선 선별하되 타 후보의 공약에서도 선별할 수 있다. 정부, 국책연구기관, 국회, 언론, 학계에서 제시된 과제와 '국민과 통하는 마당'에 제안된 과제 중에서도 선별한다.

2) 국정과제 일정

일 자	의사결정	비고
12. 24 월	선대위 공약을 바탕으로 국정기조 검토안 작성	
12. 25 화		크리스마스
12. 26 수	인수위원회 국정기조 검토 회의	
12. 27 목	새 정부 별명 공모	
12. 28 금	전략기획분과 국정비전 국정과제 대분류 안 작성	
12. 29 토	각 분과 국정비전 국정과제 토의	
12. 30 일	전략기획분과 국정비전 국정과제 대분류(4-5개) 수정안 작성	
12. 31 월	인수위원회 간사회의 국정비전 국정과제 대분류 확정	
1. 25 목	국정과제 세분류(16-20개) 안 확정	
2. 8 금	77개 대통령과제 안 발표	
2. 13 수	77개 대통령과제 목록 확정	
2. 22 금	대통령과제 실천계획 작성	
2. 26 화	대통령과제 실천계획 각 행정기관으로 전달	
3. 24 월	17대 인수위원회 백서 "국민과의 소통" 인쇄본 확정	

3. 주요 정책 검토, 재검토 대상 파악

1) 긴급 재검토 대상

인수위원회는 새 정부 출범 전후에 수정하거나 중단해야 할 단계의 기존 정책을 선별하여 검토하는 역할을 수행한다. 16대 인수위원회는 김대중 정부의 공기업 민영화 추진을 중단하고 나중에 백지화하였다. 당선인은 원하든 원하지 아니하든 주요 정책 사안에 대하여 의견을 개진할 가능성이 매우 크다. 인수위원회는 긴급히 문제와 해결대안을 검토하여야 하는데 현재로는 서해 유조선 기름유출사고 대책, 법학전문대학원 인가 심사·선정, 비정규직 보호 법제, 이라크파병연장 동의안, 삼성특검 수사 결과에 따른 금융세제·정치자금 개선, 남북정상회담 이후 대북협상과 협력지원, 전시작전권 이양, 에너지자원 확보 외교, 공공기관 지방이전, 행정중심복합도시 기능, 혁신도시 건설과 이전 일정 등이 검토 대상이 될 수 있을 것이다. 인수위원회는 검토한 후에 정책들을 진행중단, 정책방향 수정, 축소, 진행 등으로 분류하게 된다.

2) 정부 교체기의 고 위험 대상

정부 교체기에 공직사회의 기강이 해이해지고 감독기능이 와해되면서 대형사고의 위험이 상존한다. 2007년 12월 7일 서해 기름유출 사고도 사회적 기강해이의 한 단면이다. 외환보유, 공직자 부정부패, 재정적자, 대규모 산업시설과 대형레저시설 안전 등에 관련하여 대형사고 위험을 점검 확인하여야 한다.

3) 긴급 의견제시할 정책 사항

노무현 정부에서 결정할 사항이지만 그 결정의 영향이 중대하여 새 정부의 정책방향에 영향을 주는 사안에 대하여 인수위가 일정 수준 의견을 제시할 수 있는데, 이라크파병연장 동의안, 법학전문대학원 인가 심사·선정, 비정규직 보호 법제 등이 12월 말-2월 중에 당선인의 의중이 반영되어야 하는 정책 사항으로 볼 수 있다.

4) 정책검토 일정

일 자	의사결정	비고
12. 24 월	선대위 검토대상 정책후보군 작성	
12. 27 목	인수위원회 검토 대상 정책 후보군 작성	
12. 28 금	선대위 검토 대상 정책, 여당, 학계의 재검토 제안 정리	
12. 31 월	인수위원회 간사회의에서 검토 대상 정책 후보군 확정 (향후 추가할 수 있음)	
1. 2 수~ 2. 9 토	분과위원회별로 검토대상 정책 보고 받음 진행중단, 정책방향 수정, 축소, 진행 등으로 분류	
2. 18 월	진행중단, 정책방향 수정, 축소 대상 정책 발표 보완대책도 함께 발표	

4. 정부조직개편

1) 단계적 개편

2008년 4월 국회의원 선거가 임박한 시점에서 국회에서 논란이 예상되는 대규모 정부조직개편은 정치적으로 바람직하지 않고 실현가능성도 매우 낮다. 따라서 소규모 조직개편을 추진하거나 조직개편을 하지 않는 방안을 검토할 수 있는데, 새 정부가 출범하면서 정부정책을 담는 그릇을 그대로 두고 새로운 정책을 펴겠다고 하는 것은 '새 정부'가 아닌 '옛 정부 그대로'라는 인식을 국민들에게 줄 수 있기 때문에 조직개편을 하지 않는 대안은 선택할 수 없다. 결국 당선인으로서 정부조직개편은 추진하되 중폭으로 하는 방안이 최선이다.

2008년 1월 중순경에 국회에서는 부·실·청 조직 개편을 담은 정부조직법 개정안이 제출되어 논의될 것으로 본다. 이 과정에서 국회 행정자치위원회에서 다룰 수 없는 국가정보원, 국가인권위원회, 금융감독위원회, 금융감독원, 국립공원관리공단 등 부·처·청이 아닌 국가기관이나 공공기관의 조직개편을 위한 개별 법률 개정안을 동시에 제의하는 것은 바람직하지 않다. 대부분의 별도의 법령적 근거를 가진 기관의 장은 임기가 진행되고 있기 때문에 이를 감안하여 새 정부 출범 후 추진하여도 무방하다.

단, 새 정부 출범에서 확실하게 행동으로 보여줄 수 있는 사안으로 수년 동안 지체된 방송통신융합에 대응한 IPTV서비스 도입과 기구개편을 신속하게 처리한다. ‘IPTV특별법’과 ‘정보매체위원회 설립법’ 제정을 추진한다. 법률안은 그 동안 국회 방송통신특별위원회(2008. 3. 31까지 활동함) 심의 체제를 활용한다.

정부조직개편안은 인수위원회의 전략기획분과위원회 내 정부조직설계실을 두고 작성한다. 실장은 학계 출신으로 하고 4~5명의 전문위원의 지원을 받게 한다. 정부조직설계실은 정부조직개편안을 반영한 정부조직법 개정안을 작성하고 국회 심의과정을 모니터링하고 지원한다.

새 정부 출범 이후의 정부조직개편안은 대통령자문 ‘정부개혁위원회’에서 작성하여 정부에 제출한다. 2008년 6월 말경 제18대 국회가 구성된 후에 정부는 정부조직법 이외의 기관설립 근거 법률의 조직 관련 조항을 개정하는 안을 제출한다.

2) 정부조직 개편 일정

일 자	의사결정	비고
12. 27 목	인수위원회 전략기획분과 정부조직설계실 구성	
12. 28 금	정부조직설계실 기본구상 검토	
12. 29 토	정부조직설계실 행정자치부의 정부내외의 다양한 조직개편 방안 정리한 내용 보고받음	
12. 30 일	최고의사결정 및 기획조정총괄 기능 조직개편안 검토	
12. 31 월	국가질서유지 기능 조직개편안 검토	
1. 1 화	사회문화복지 기능 조직개편안 검토	신정휴일
1. 2 수	경제산업공간 기능 조직개편안 검토	

일 자	의사결정	비고
1. 3 목	종합 검토, 간사회의 보고	
1. 4 금	정부조직개편안 발표(정부조직법 개정 부칙 조항으로 타 법률을 개정하는 것은 최소화함) 국회 방송통신특별위원회에 기구개편 법률 심의 촉진 요청	
1. 7 월	정부조직법 개정안 한나라당 국회의원 발의(안상수 원내대표 대표발의)	
1. 10 목	국회 행정자치위원회 정부조직법 개정안 상정	
1. 18 금	국회 행정자치위원회 정부조직법 개정안 통과 국회 방송통신특별위원회 정보매체위원회설립법 제정안 통과	
1. 23 수	국회 본회의 정부조직법 개정안 통과	
1. 28 월	정부조직법 개정, 정보매체위원회법 제정 공포	
3. 3 월	대통령자문 정부개혁위원회 위원(21인) 위촉 발표 4개 분과(업무혁신, 지방분권, 규제개혁, 민영화)	
5월 중순	정부개혁위원회: 정부개혁 과제와 추진일정 발표 (업무혁신 10대 과제, 지방분권 10대 과제, 규제개혁 10대 과제, 민영화 10대 과제)	
9월 하순	정부개혁위원회: 2단계 정부조직개편을 위한 정부조직법 등 기관 설치근거 법령 제·개정안 제안 정부는 정기국회에 법안 발의	
12월 초순	국회 정부조직개편 관련 법률 통과	

5. 국무총리와 행정기관의 장 인선

1) 국무총리 인선

국무총리 내정자는 당선인이 당선인 비서실장, 공동선대위원장들, 주요 정당대표, 국가원로급 인사들의 의견을 수렴하여 선정하여야 한다. 1월 21일 경에 내정자를 발표하는 것이 적절하다.

정부조직법이 국회에서 확정되는 시점을 1월 하순이라고 본다면 바로 장관들을 선임하기 위해서는 국무총리가 충분히 앞선 시점에서 지명을 받아야 국무총리 내정자로서 국무위원 임명 제청 절차를 제대로 밟을 수 있다.

국무총리는 당선인의 경력을 보충할 수 있는 경력을 가지고 당선인의 국정철학과 이념에 동조하는 자 중에서 선임하여야 한다. 첫 국무총리는 국회·정당의 정치 경험이 풍부한 자가 좋겠고, 국무총리의 연배는 60세 전후로 연령적으로 대통령과 장관 간의 가교 역할을 할 수 있으면 좋겠다.

행정각부 장관(현재 18부와 기획예산처)의 경우 전원 새로 임명하게 되고 장·차관급 처장과 청장도 새로 임명하게 된다. 국무총리와 장관과 함께 국정원장과 경찰청장도 새로 임명하기 위해 국회 청문 절차가 필요하다. 임채진 검찰총장은 최근 2년의 임기를 시작하였다. 한상률 국세청장은 최근 임명되었기에 새 정부 출범 후 경질 여부를 판단하는 것이 좋겠다.

장·차관 등 정무직 기관장 임용에서 4월 국회의원 선거 출마로 정치인의 비중은 이전에 비해 낮을 것으로 예상되는데, 장관(급)의 경우 국회의원 경력이 있는 자의 비율을 최소 1/3을 유지하는 것이 좋겠다. 경력직 공무원 출신의 장관급 임명은 최소로 하여 장관과 공무원 부하 직원 간의 정향의 차별성을 확보하는 것이 필요하다. 행정 경험이 부족한 교수 또는 전문가를 바로 장관 또는 장관급 독임제 기관장 직에 임명함에는 신중을 기해야 할 것이다.

공정거래위원회, 금융감독위원회, 국민고충처리위원회 등 행정위원회의 경우 위원장과 부위원장의 임기가 남아 있을 경우가 있는데 어떤 기준으로 경질할 것인지를 판단하여야 한다. 전례를 보면 대부분의 정무직은 새 대통령 출범 후에 의원면직 형태로 바뀌게 된다.

임기가 있는 경우 임기를 유지하게 하는 것이 기관 독립성을 확립하는 의미가 있으나 새 대통령 취임에 따라 새 정부가 구성된다는 원칙도 중요하다고 본다. 원칙적으로는 중앙행정기관 기관장은 경질한다는 방침을 정하고, 임기가 있는 기관장의 경우 개인별로 잔여 임기 동안에 재임을 허용할지를 가리는 것이 적절하다.

2) 국무총리 및 행정기관 장 선임 일정

일 자	의사결정	비 고
1. 1 화	국가원로 초청 만남에서 국정방향 및 국무총리 후보자군 의견 청취	신정휴일
1. 2 수	정당 대표 만남에서 국정방향 및 국무총리 후보자군 의견 청취	
1. 3 목	선대위 대표 등 간부 만남에서 국정방향 및 국무총리 후보자군 의견 청취	
1. 9 수	검증대상 후보자군 선발(7인 정도)	
1. 18 금	국무총리 3배수로 압축, 여론 동향 조사	
1. 19 토	후보자 면접	
1. 21 월	국무총리 내정자 발표	
1. 23 수	국무총리 국회 인준동의 요청	

일 자	의사결정	비 고
1. 29 화	국무총리 국회 인준청문회 개최	
1. 31 목	장관, 국정원장 · 경찰청장 내정자 발표	
2. 4 월	국무총리 내정자 확정, 장관 · 국정원장 인사청문회 개최 요청	
2. 5 화	경찰청장 인사청문회 개최 요청	
2. 6-8		설날연휴
2. 12 화 ∼2.15 금	국회 장관 · 국정원장 · 경찰청장 인준청문회 개최	국세청장, 검찰총장 최근 임명되었음
2. 21 목	장관 · 국정원장 · 경찰청장 내정자 확정 장관급 기관장 내정자 발표	
2. 22 금	주 미국 · 중국 · 일본 · 러시아 대사 내정자 발표 차관 및 차관급 내정자 발표	
2. 25 월	장관, 국정원장 등 장관급 기관장 임명 차관 및 차관급 임명	대통령취임식 직전
2. 28 목	주 영국 · 프랑스 · 독일 · UN 대사 내정자 발표	
3. 21 금	합참의장 · 해군참모총장 임명	통상 임기 2년이 지켜지고 있음
11월 중순	육군 · 공군 참모총장 내정자 발표	

6. 대통령취임식 행사

1) 행사 기조

대통령취임식에서 행사 표어 "언제 어디서나 국민과 소통하는 정부를 열겠습니다"를 사용한다. 취임식 행사는 어려운 경제상황을 감안하여 검소하게 하는 것이 좋겠다.

2) 행사 일정

행사장은 국회의사당 앞 마당으로 한다. 경복궁 앞마당은 현재 광화문 복원 공사 중이다. 행사는 1시간 정도이고 시작은 오전 10시 30분 종료는 11시 30분이 좋겠다. 2월이라 아직 야외가 춥기 때문에 오래 행사가 진행되면 참석자들이 추위에 피곤할 수 있다. 취임선서와 취임사 이후 한국 무용과 한국 음악 축하 공연을 진행한다.

신임 대통령은 2월 24일 취임식 전날 저녁에 청와대에서 퇴임하는 대통령을 환송하고 입주하여 2월 25일 취임식 당일에 청와대에서 행사장 여의도로 이동한다. 취임식 행사 후 여의도 → 마포대교 → 광화문 사거리 → 청와대 경로로 차량 행진 형태로 이동한다.

저녁에는 취임 환영 파티를 청와대 내에서 개최하고 세종문화회관에서 축하공연을 하며, 저녁 8시 30분부터 한강변에서 대통령 취임축하 불꽃놀이 행사를 진행한다. 저녁 8-10시 KBS 홀에서 축하공연을 진행하고 KBS1 TV로 생방송 중계를 한다.

3) 초청 대상

취임식에는 외국 인사, 국내 정치 · 경제 · 노동 · 문화 · 교육 · 사회단체 인사, 일반국민 – 남녀별 연령별(10대, 20대, 30대, 40대, 50대, 60대, 70대)로 배려함 – 이 참석하며 외국인 근로자와 결혼이민자, 군인, 경찰관, 소방관 등을 특별히 배려한다. 국민들의 인터넷 참가 신청을 받고 추첨을 통해 선발하는 방안을 추진한다. 국내외 인사 초청 대상에 당선인과 그 가족의 사적 친분이 있는 인사가 지나치게 많지 않게 사전에 조율하는 것이 좋겠다. 특정 종교인의 편중 현상도 지양되어야 한다.

외국인사의 경우 12월 말 이전에 초청대상을 확정하고 접촉을 할 필요가 있다. 초청대상자 선정 과정에 공식채널인 재외 한국 공관과 주한 외국 대사관을 적극적으로 활용하여 초청대상의 공정성을 확보한다. 외국 국가원수와 행정수반은 최대한 많이 초대하여 이명박 정부의 경제외교를 국내외에 홍보하는 것이 좋겠다.

참고문헌

강원택, 대통령제, 내각제와 이원정부제, 인간사랑, 2006. 7.

강현호, 금융감독원의 법적 성격, 공법연구 제31집 제3호, 2003. 3.

국제평화전략연구원 편, 한국의 권력구조논쟁, 1997. 4.

김광웅, 새로운 정부 - 미래정부론, 서울대 행정대학원, 299회 정책&포럼 발제문, 2006. 11. 14.

김광웅, 바람직한 정부, 박영사, 2003. 7.

김병연, 우리나라 금융감독기관의 인적 구성과 업무집행의 독립성 확보방안 – 미국 증권거래위원회와의 비교를 중심으로, 증권법연구, 제4권 제1호, 2003. 7.

김정해, 역대 대통령비서실의 조직학습과정 특성분석, 한국정책과학학회보, 제10권 제4호, 2006. 12.

김현석 · 박개성 · 박진, 정부개혁 고해성사, 엘리오앤컴퍼니(주), 2006.

김호균, 21세기 성공장관론, 나남출판, 2004. 3.

뉴라이트정책위원회 등, 선진화-뉴라이트 6대 정책발표, 2007. 11.

류재택, 대통령직 인수, 법문사, 2006. 2.

바른사회를 위한 시민회의, 바른한국 이렇게 만들자, 2003. 3.

성경륭 · 박양호 외 9인, 지방분권형 국가만들기, 2006.

시 · 도지사협의회, 시 · 도 뉴스레터, 통권 9호, 2007년 11 · 12월호.

이상훈, 일본의 중앙성청 재편에 관한 요인 분석, 국제정치논총, 제42집 1호, 2002.

이송호, 대통령과 보좌관, 박영사, 2002. 2.

이재원, 한국의 국무총리, 나남출판, 1998. 7.

임도빈, 프랑스의 정치행정체제, 법문사, 2001. 11.

임도빈, 정부조직의 재설계: 최고조정체계를 중심으로, 행정논총, 제42권 제3호, 2004.

임도빈, 관료제, 민주주의, 그리고 시장주의: 정부개혁의 반성과 과제, 한국행정학보, 제41권 제3호, 2007년 가을.

정부혁신지방분권위원회, 참여정부의 행정개혁, 2005. 12.

정부혁신지방분권위원회, 참여정부의 지방분권, 2005. 12.

정부혁신지방분권위원회, 2007년 정부조직 개편방향, 2007. 3. (미공개).

정부혁신지방분권위원회, 참여정부의 혁신과 분권, 2007. 4.

정용덕, 한·일간 국가기구 비교연구, 대영문화사, 2002. 4.

정정길 외 4인, 작은 정부론, 부키, 2007. 5.

제16대 대통령직인수위원회, 제16대 대통령직인수위원회 백서 대화, 2003. 3.

조정관, 국무총리의 정치적 역할에 관한 비교연구: 권력구조에 따른 차이를 중심으로, 한국정치학회 2002년 연말학술대회, 2002. 12.

지역재단, 농정변화에 대응한 농정추진체계 혁신방안, 대통령자문 농어업·농어촌특별대책위원회 심포지움 발제문, 2007. 11. 14.

한국경제연구원, 차기정부의 공공부문 개혁방향 총론, 2007. 11.

한국경제연구원, 잘사는 나라 행복한 국민 미래한국비전 보고서, 2007. 10.

한나라당, 일류국가 희망공동체 대한민국, 제17대 대통령선거 한나라당 정책공약집, 2007. 12.

현대경제연구원, 차기정부의 주요 정책방향, VIP Report, 2007. 10. 15.

[저자 약력]

서울대학교 경제학과 졸업(1982)
서울대학교 행정학과 졸업(석사)(1984)
오하이오주립대 행정학과 졸업(박사)(1993)
서울대학교 행정대학원 교수(1994~현재)
행정개혁시민연합 정부조직관료제도 공동위원장(2006~현재)
방송통신융합추진위원회 위원(2006~2007)
전자정부특별위원회 위원(2005~현재)

새 정부조직 설계

2008년 2월 15일 초판 인쇄
2008년 2월 20일 초판 1쇄발행

저 자 김 동 욱
발행인 배 효 선

발행처 도서출판 法 文 社

413-756 경기도 파주시 교하읍 문발리 526-3
등 록 1957년 12월 12일/제2-76호(윤)
전 화 (031) 955-6500~6 FAX (031) 955-6525
E-mail (영업) bms@bobmunsa.co.kr
(편집) edit66@bobmunsa.co.kr
홈페이지 http://www.bobmunsa.co.kr

조 판 (주) 성 지 이 디 피

정가 12,000원 ISBN 978-89-18-02280-2